목차

이 책을 보는 법 7

1 파워 타입　　　　　9

장수풍뎅이　　10
장수풍뎅이의 비밀 10
장수풍뎅이과 12
생존을 위한 사투 14
가상 배틀 1 VS 개미 18
가상 배틀 2 VS 나방 20

사슴벌레　　22
사슴벌레의 비밀 22
사슴벌레과 24
생존을 위한 사투 26
가상 배틀 3 VS 노래기 28
가상 배틀 4 VS 전갈 30

사마귀　　32
사마귀의 비밀 32
사마귀과 34
생존을 위한 사투 36
가상 배틀 5 VS 물장군 38

딱정벌레　　40
딱정벌레의 비밀 40
딱정벌레과 42
생존을 위한 사투 44
가상 배틀 6 VS 수채 46

여치　　48
여치의 비밀 48
여치 무리 50
생존을 위한 사투 52
가상 배틀 7 VS 개미귀신 54

귀뚜라미　56

- 귀뚜라미의 비밀 ………… 56
- 메뚜기목 ……………………… 58
- 생존을 위한 사투 …………… 60
- 가상 배틀 ⑧ VS 소금쟁이 …… 62

물장군　64

- 물장군의 비밀 ………………… 64
- 수생 곤충 ……………………… 66
- 생존을 위한 사투 …………… 68
- 가상 배틀 ⑨ VS 잠자리 …… 70
- 가상 배틀 ⑩ VS 진드기 …… 72

2 스피드 타입　77

벌　78

- 벌의 비밀 ……………………… 78
- 벌목 ……………………………… 80
- 생존을 위한 사투 …………… 82
- 가상 배틀 ⑪ VS 개미 ……… 86
- 가상 배틀 ⑫ VS 바구미 …… 88

메뚜기　90

- 메뚜기의 비밀 ………………… 90
- 메뚜기과 ………………………… 92
- 생존을 위한 사투 …………… 94
- 가상 배틀 ⑬ VS 나비 ……… 96

잠자리　98

- 잠자리의 비밀 ………………… 98
- 잠자리목 ……………………… 100
- 생존을 위한 사투 ………… 102
- 가상 배틀 ⑭ VS 파리매 …… 106
- 가상 배틀 ⑮ VS 수채 ……… 108

| 파리 | 110 |

파리의 비밀 ················· 110
파리목 ····················· 112
생존을 위한 사투 ············ 114
가상 배틀 16 VS 모기 ········ 116

| 매미 | 118 |

매미의 비밀 ················· 118
매미목 ····················· 120
생존을 위한 사투 ············ 122
가상 배틀 17 VS 귀뚜라미 ···· 126

| 바퀴벌레 | 128 |

바퀴벌레의 비밀 ············· 128
바퀴목 ····················· 130
생존을 위한 사투 ············ 132
가상 배틀 18 VS 바구미 ······ 134

3 수비 타입   139

| 나비 | 140 |

나비의 비밀 ················· 140
나비목 ····················· 142
생존을 위한 사투 ············ 144
가상 배틀 19 VS 매미 ········ 148
가상 배틀 20 VS 공벌레 ······ 150

| 노린재 | 152 |

노린재의 비밀 ··············· 152
노린재목 ··················· 154
생존을 위한 사투 ············ 156
가상 배틀 21 VS 무당벌레 ···· 158

공벌레 160

- 공벌레의 비밀 ············ 160
- 등각목 ···················· 162
- 생존을 위한 사투 ········ 164
- 가상 배틀 22 VS 거미 ······ 166

바구미 168

- 바구미의 비밀 ············ 168
- 바구미 무리 ··············· 170
- 생존을 위한 사투 ········ 172
- 가상 배틀 23 VS 지네 ······ 174

무당벌레 176

- 무당벌레의 비밀 ········· 176
- 무당벌레과 ··············· 178
- 생존을 위한 사투 ········ 180
- 가상 배틀 24 VS 잠자리 ···· 182

비단벌레 184

- 비단벌레의 비밀 ········· 184
- 비단벌레과 ··············· 186
- 생존을 위한 사투 ········ 188
- 가상 배틀 25 VS 딱정벌레 ··· 190

4 테크닉 타입 195

거미 196

- 거미의 비밀 ·············· 196
- 거미목 ···················· 198
- 생존을 위한 사투 ········ 200
- 가상 배틀 26 VS 하늘소 ···· 204
- 가상 배틀 27 VS 장수풍뎅이 206

개미 208

- 개미의 비밀 ·············· 208
- 개미과 ···················· 210
- 생존을 위한 사투 ········ 212
- 가상 배틀 28 VS 진드기 ···· 216
- 가상 배틀 29 VS 나비 ······ 218

지네 220

- 지네의 비밀 ········ 220
- 지네류·그리마 ········ 222
- 생존을 위한 사투 ········ 224
- 가상 배틀 30 VS 바퀴벌레 ··· 226
- 가상 배틀 31 VS 벌 ········ 228

벼룩·진드기 230

- 벼룩·진드기의 비밀 ······ 230
- 벼룩·진드기류 ········ 232
- 생존을 위한 사투 ········ 234
- 가상 배틀 32 VS 메뚜기 ····· 236

모기 238

- 모기의 비밀 ········ 238
- 모기 무리 ········ 240
- 생존을 위한 사투 ········ 242
- 가상 배틀 33 VS 전갈 ······ 244

전갈 246

- 전갈의 비밀 ········ 246
- 전갈 무리 ········ 248
- 생존을 위한 사투 ········ 250
- 가상 배틀 34 VS 사마귀 ····· 252

★곤충의 정확한 이름을 확인하기 어렵거나 아직까지 한국에 소개되지 않은 곤충은 일본의 이름을 의미대로 풀이하였고 학명을 병기하였습니다.

칼럼

- 세상에서 가장 힘센 곤충 ···· 74
- 곤충의 특징 ············ 76
- 높이 뛰는 곤충 랭킹 ······ 136
- 숨은 곤충을 찾아보세요! ··· 138
- 뚝심 있는 곤충 랭킹 ······ 192
- 괴상한 모습의 벌레 ······ 194
- 위험한 곤충 랭킹 ········ 254

이 책을 보는 법

비밀
그룹을 대표하는 곤충을 등장시켜, 생존 투쟁과 살아남기 위해 지닌 특징을 설명하는 페이지

▶특징

신체 부분 중 무기가 쓰는 것과 생태를 '공격', '방어', '스피드', 세 부분으로 나누어 설명.

- **공격** 사냥감을 잡을 때 사냥 방법의 특징.
- **방어** 몸을 지키는 방법과 숨기는 방법의 특징.
- **스피드** 사냥감을 쫓는 방식과 천적으로부터 도망치는 방식의 특징.

▶데이터 이 페이지에 소개된 곤충을 설명.

동종
그룹에 속한 곤충 중 개성이 강한 곤충을 뽑아 소개하는 도감 페이지

▶이름과 해설

곤충의 이름과 특징을 소개.

▶파라미터

다섯 가지 능력을 세 단계로 표시했다.

- **힘** : 힘의 세기 **속도** : 이동할 때 속도
- **기술** : 기술의 강도
- **위험** : 인간에게 위험한 정도
- **방어** : 몸을 지키는 능력

▶크기와 서식지

평균 크기와 대표적인 서식 지역을 소개한다.

※ 등장한 곤충 중에「●●●들」이라고 표시한 게 있다. 이것은 그 곤충 전체에 대한 설명으로, 그중 대표적인 곤충의 사진을 실었다.

생존을 위한 사투

곤충들이 살아가면서 겪어야만 하는 고난과 싸움을 설명한 페이지

▶ **무엇을 하는가?**

무엇을 위해 싸우는지를 알기 쉽게 정리해 놓았다.

▶ **클로즈업**

너무 작아 보기 힘든 부분을 확대하여 수록했다.

▶ **해설**

싸울 때의 상황이나 싸움과 관련된 특징을 설명했다.

가상 배틀

현실에서는 있을 수 없는 곤충 간의 격투를 만화 일러스트로 재현한 페이지

▶ **싸우는 상대**

싸울 곤충을 소개하고 사진을 실었다.

▶ **파라미터**

곤충의 능력을 '파워', '수비력', '스피드', 이렇게 세 부분으로 나누어 다섯 단계로 표시했다.

▶ **전투 장면**

싸우는 모습을 네 개의 장면으로 보여 주었다.

1 파워 타입

몸집이 작은데도 곤충의 힘은 상상을 초월할 정도로 막강하다. 자신보다 큰 상대를 번쩍 들어 올리거나 위협하는 힘센 곤충을 소개한다.

장수풍뎅이의 비밀

갑옷을 입은 것 같은 단단한 몸을 지녔으며 검처럼 생긴 뿔로 적에게 대항하는 '곤충계의 강자'.

 **방어**

갑옷으로 적으로부터 몸을 보호한다!

나무줄기에는 벌 종류도 자주 나타나지만, 장수풍뎅이는 딱딱한 몸을 지녀 벌에 쏘여도 아무 상관이 없다.

 **공격**

강한 다리로 일어나 적을 쓰러뜨린다!

뿔로 적을 들어 올린 뒤 내동댕이칠 때, 다리가 튼튼하지 않으면 함께 쓰러지기 쉽다. 그래서 장수풍뎅이에겐 다리도 중요한 무기 중 하나다.

⚔️ 공격

단단하고 긴 뿔로 상대를 한 방에 날린다!

두 개에서 다섯 개의 뿔로 상대를 공격한다. 뿔로 찔러 공격할 뿐만 아니라 상대를 번쩍 들어 올려 떨어뜨리기도 한다.

| 장수풍뎅이

크기 : 50mm 내외 주요 서식지 : 한국, 일본, 중국, 인도 등

밤에 주로 활동하며 나무줄기에서 나오는 달콤한 수액을 먹는다. 느릿느릿 움직이지만, 갑옷을 입은 것 같은 몸과 크고 멋있는 뿔로 천적을 단박에 무찌른다.

장수풍뎅이과

몸무게로 대결하는 장수풍뎅이와 뿔로 싸움을 거는 장수풍뎅이…… 크기도 싸우는 방법도 전혀 다른 다양한 장수풍뎅이들이 있다.

헤라클레스왕장수풍뎅이

검은 뿔과 황토색 몸을 지닌, 세계에서 가장 큰 곤충 후보로 꼽힌다. 머리와 가슴에 한 개씩 붙어 있는 뿔로 천적을 공격한다. 뿔과 뿔 사이에 아름다운 황금색 털이 나 있어, 강하면서도 아름다운 모습을 엿보게 한다.

크기 160mm 내외
서식지 중남미

그란티흰장수풍뎅이

날개 부분에 검은 문양이 있으며, 온몸이 흰색이다. 헤라클레스왕장수풍뎅이처럼 머리와 가슴에 뿔이 한 개씩 달려 있지만, 최대 크기는 반밖에 되지 않는다. 얌전한 성격의 장수풍뎅이다.

크기 50mm 내외
서식지 북미, 멕시코

코카서스왕장수풍뎅이

세 개의 뿔을 가진, 아시아에서 가장 큰 장수풍뎅이. 싸우기를 좋아해서 천적을 만나면 바로 싸움을 건다. 라이벌은 헤라클레스왕장수풍뎅이다.

| 크기 | 100mm 내외 |
| 서식지 | 동남아시아 |

코끼리장수풍뎅이

| 크기 | 50~130mm |
| 서식지 | 멕시코 |

탄탄한 몸을 지녔으며, 세계에서 가장 무거운 장수풍뎅이다. 싸움을 그다지 좋아하진 않지만, 싸워야 할 때는 육중한 몸집을 무기로 삼는다.

넵튠왕장수풍뎅이

헤라클레스왕장수풍뎅이 다음으로 큰 장수풍뎅이다. 적이 가까이 다가오면 싸우지만, 먼저 나서서 공격하는 법은 없다. 긴 뿔과 짧은 뿔 두 개가 있다.

| 크기 | 120mm 내외 |
| 서식지 | 남미 |

생존을 위한 사투

뿔로 싸우는 모습이 잘 알려진 장수풍뎅이. 장수풍뎅이에게도 수많은 위험과 천적이 있다.

먹이를 손에 넣기 위해

영원한 라이벌!

달콤한 수액은 승자의 전리품

밤에 활동하며 나무에서 나오는 달짝지근한 수액을 좋아하는 장수풍뎅이와 사슴벌레. 수액을 찾아 나무를 돌아다니다가 마주치기라도 하면, 목숨을 걸고 싸운다.

먹이를 손에 넣기 위해

목숨을 걸고 싸운다!
먹이를 위해 수컷끼리 싸운다.
뿔이 길수록 싸움에서 유리하다.

수컷들의 전투는 박력이 넘친다!

천적에게 입은 부상

쥐의 침입!
쥐가 침입하면 주위의 흙이 전부
무너져 내려 더는 성장할 수가 없다.

생존을 위한 사투

천적에게 입은 부상

유충에게는 천적이 많다! 흙 속에서 자라는 장수풍뎅이의 유충(애벌레)은 개미나 두더쥐 같은 천적에게 잡아먹히는 경우가 있다.

천적에게 입은 부상

체력을 갉아먹는 진드기

장수풍뎅이의 몸 바깥과 안쪽에 기생하는 진드기는 체액을 빨아먹는다. 진드기가 조금밖에 없으면 별문제가 없지만, 수가 많으면 체력을 빼앗기기도 한다.

가상 배틀 1

거대한 몸집과 강력한 뿔을 가진 헤라클레스왕장수풍뎅이에게 작은 총알개미가 단단한 턱과 비장의 무기로 도전장을 내밀었다!

장수풍뎅이
헤라클레스왕장수풍뎅이 (➡P12)

개미
총알개미 (➡P210)

파워	
수비력	
스피드	

파워	
수비력	
스피드	

1

총알개미 앞에서 몸을 일으키는 장수풍뎅이!

차독나방의 독 공격에 그란티흰장수풍뎅이의 전투 본능이 눈을 뜹니다! 일진일퇴의 공방에서 과연 누가 이겼을까?

장수풍뎅이
그란티흰장수풍뎅이 (➡P12)

나방
차독나방 (➡P143)

VS

파워				
수비력				
스피드				

파워				
수비력				
스피드				

1 장수풍뎅이의 덮치기 공격!

사슴벌레의 비밀

장수풍뎅이의 영원한 라이벌! 커다란 턱으로 상대를 물어 던져 버리는 프로레슬러!

🛡 방어

천적의 기운을 감지하면 숨는다!

사슴벌레는 싸우는 능력은 탁월하지만, 사실 싸움을 좋아하지 않는 온순한 성격이다. 천적이 나타나면 바로 몸을 숨긴다.

사슴벌레과

한국과 일본에 사는 사슴벌레는 대부분 몸이 검지만, 전 세계에는 다양한 빛깔의 사슴벌레가 있다.

사슴뿔을 닮은 큰턱.

칸터사슴벌레

턱이 ㄴ자로 휘어 있어 머리가 커 보이는 몸을 지녔다. 온도가 높은 곳에서는 살지 못하는 약점이 있다. 환경이 변하면 굉장히 약해지지만, 원래 서식지에서는 싸움을 잘하는 강한 사슴벌레.

크기 85mm 내외

서식지 동남아시아

수마트라넓적사슴벌레

가로로 넓적한 몸을 지녔으며, 성격이 급하다. 뭔가가 지나가기만 해도 바로 턱을 흔들며 위협하다가 공격한다. 힘이 세서 이 사슴벌레에게 잡히면 몸이 두 동강이 나기도 한다.

크기 85mm 내외

서식지 수마트라

기라파톱사슴벌레

- **크기** 90mm 내외
- **서식지** 동남아시아

세계에서 가장 큰 사슴벌레로, 100mm가 넘는 것도 있다. 잡는 능력은 약하지만 긴 턱을 이용해 적을 날려 버리는 능력은 탁월하다.

라코르데르멋쟁이사슴벌레

- **크기** 80mm 내외
- **서식지** 수마트라

역삼각형 황색 반점.

황색의 날개를 지녔고, 머리에는 역삼각형 반점이 있다. 민첩하고 공격성이 매우 강해 단단한 턱으로 상대를 눌러 제압한다.

뮤엘러리사슴벌레

- **크기** 70mm 내외
- **서식지** 호주, 파푸아뉴기니

빛이 반사되면 반짝반짝 일곱 빛깔 무지개로 빛나는 아름다운 몸을 지녔다. 얌전한 성격이며, 큰턱은 위를 향해 벌어져 있다.

생존을 위한 사투

강력한 큰턱이 특징인 사슴벌레. 큰턱은 싸울 때뿐만 아니라, 암컷이 알을 낳을 때도 쓰인다.

영역을 지키기 위해

수컷 사이의 영역 전쟁

사슴벌레는 최대 무기인 큰턱을 이용해, 같은 사슴벌레끼리도 먹이나 암컷을 두고 한쪽이 완전히 나가떨어질 때까지 격렬한 싸움을 벌인다.

자손을 남기기 위해

나무 구멍에 숨겨 놓은 것은
암컷 사슴벌레는 안전한 나무에 구멍을 파고 그 속에 알을 낳는다.

살아남기 위해

위험한 성장
유충 시기에는 적이 많은데, 벌이나 새에게 잡아먹힐 위험이 크다.

가상배틀 3

압도적인 공격력을 지닌 사슴벌레에게 최강의 자기 방어력으로 끈덕지게 물고 늘어지는 노래기. 역전의 기회는 찾아올까?

사슴벌레
라코르데르멋쟁이사슴벌레 (➡P25)

노래기
공노래기

VS

사슴벌레
- 파워
- 수비력
- 스피드

노래기
- 파워
- 수비력
- 스피드

1

사슴벌레가 노래기를 뒤에서 덮치려 하네요!

공격력에서 최강인 두 곤충의 대결.
힘의 승리일까, 독의 승리일까?
이 치열한 싸움의 결과는 각자의
필살기에 달려 있다.

사슴벌레
기라파톱사슴벌레 (➡P25)

전갈
황제전갈 (➡P249)

- 파워
- 수비력
- 스피드

- 파워
- 수비력
- 스피드

1

서로를 노려보는
사슴벌레와 전갈!

사마귀의 비밀

거대한 적 앞에서도 꼿꼿이 맞서 싸우는 '용맹한 검객'. 두 개의 날카로운 검으로 사냥을 하고 천적을 무찌른다!

공격

무시무시한 낫을 휘둘러 적을 쓰러뜨린다!

공격성이 매우 강하고 움직이는 것은 거의 모두 먹이로 간주한다. 낫 모양의 앞다리로 먹이를 포획하고 큰 턱으로 씹어 먹는데, 때로는 개구리나 도마뱀도 잡아먹는다. 사마귀라는 이름도 '악마성을 가진 귀신 같은 곤충'이라는 뜻에서 유래한다.

스피드

발견한 순간, 바로 먹고 있다!

먹잇감이 나타나면 순식간에 낚아채는데, 최적화된 조건에서 사냥하는 데는 0.25초밖에 안 걸린다. 동작이 빠른 파리나 나비도 눈 깜짝할 새에 잡아먹힌다.

 **공격**

등 뒤의 적을 볼 수 있으며, 미세한 움직임도 놓치지 않는다!

머리를 사방 300도로 자유롭게 움직일 수 있어서
등 뒤에서 공격하는 천적에게도 바로 대응할 수 있다.
매우 발달한 큰 눈은 1만 개의 낱눈이 모인 겹눈이며,
안테나 역할을 하는 더듬이와 함께 훌륭한 사냥 도구이다.

왕사마귀

크기 : 90mm 내외 서식지 : 한국, 일본, 중국

다른 종에 비해 유달리 공격적이다. 심지어
사람에게도 덤벼들려고 자세를 잡는다. 여기서
당랑거철, 즉 사마귀가 수레를 막아섰다는 말이 나왔다.

사마귀과

세계에는 괴상한 모습의 사마귀가 꽤 많다. 그 모든 사마귀가 사냥을 하는 데 필요한 모습으로 진화했다.

넓적배사마귀

크기 64mm 내외 **서식지** 한국, 일본, 중국

전체적으로 땅딸막해 보인다. 날개에는 흰색 반점이 있고, 앞다리 밑마디에 황색 돌기가 있다. 나무 타기가 특기이며, 과일이나 나무줄기의 달콤한 수액을 먹으러 오는 벌레를 잡기 위해 늘 대기 중이다.

꽃사마귀

한 송이 꽃처럼 아름다운 모습으로 꽃 속에 숨어 사냥감을 기다리는 위장술의 달인. 나비나 꿀벌이 꿀을 먹으러 다가오면 단숨에 낚아채 잡아먹는다.

크기 60mm 내외

서식지 동남아시아

복서사마귀

앞다리에 커다란 글로브를 달고 있는데, 싸울 때 마치 권투 선수처럼 앞다리를 휘두르기 때문에 복서라는 이름이 붙었다. 낙엽과 비슷한 색이라서 천적인 새로부터 안전하게 몸을 숨긴다.

크기
40mm 내외

서식지
동남아시아

로버타잎사마귀

낙엽 모양의 편평한 몸을 지녔으며, 마름모꼴의 가슴이 특징이다. 등은 수수한 모양이지만 배에는 화려한 문양이 있어, 싸울 때는 최대한 몸을 넓게 펼치며 위협한다.

크기
70mm 내외

서식지
말레이 반도 등

생존을 위한 사투

민첩한 동작으로 사냥하는 사마귀. 다른 곤충만 잡아먹는 게 아니라, 같은 사마귀도 적으로 삼는 경우가 있다.

먹이를 잡기 위해

낫으로 잡은 뒤 와작와작 씹어먹는다

등에의 일종

잡은 사냥감은 절대 놓치지 않는다!
사마귀의 앞다리는 악력이 매우 강하고, 긴 가시가 촘촘히 나 있어서, 사냥감의 몸에 박아 넣으면 커다란 먹이도 꼼짝없이 포획된다.

자손을 남기기 위해

- 수컷
- 암컷

교미한 후 잡아먹기
알을 낳기 위한 체력이 필요한 암컷은 교미한 뒤 수컷을 잡아먹기도 한다.

천적에게 입은 부상

연가시가 사마귀의 항문을 뚫고 나왔다.

무서운 기생충, 연가시
연가시는 사마귀에 기생하는데, 신경계 작용 물질을 분비해 사마귀를 조정한다.

가상배틀 5

자연에서 벌어지는 싸움에는 두뇌가 필요하다! 힘으로는 이길 수 없다고 판단한 낙엽사마귀가 내놓은 비책은 무엇일까?

사마귀
낙엽사마귀 (학명 : Parablepharis kuhlii)

물장군
남미왕물장군

파워					
수비력					
스피드					

파워					
수비력					
스피드					

①

물속에서 튀어나온 물장군 때문에 깜짝 놀란 사마귀!

딱정벌레 의 비밀

갑옷으로 무장한 청소부. 애벌레 시절부터 땅속에서 다른 곤충을 잡아먹어서 해충의 천적 역할도 톡톡히 한다.

 **방어**

잡히면 고약한 방귀를 뿜는다!

천적에게 잡히면 고약한 냄새를 풍기는 갈색의 액체를 뿜어 잡아먹지 못하게 한다. 액체에는 독이 있어 만지면 찌릿찌릿하다.

 **공격**

육식을 즐기는 사냥꾼!

주로 달팽이, 나비나 나방의 유충, 지렁이를 잡아먹는데 때로는 죽은 동물의 사체를 먹기도 한다.

공격

굉장히 빠른 발로 사냥감을 노린다!

뒷날개가 퇴화해 날지 못하는 대신에 빠른 발을 가져서 사냥감을 놓치는 법이 없다. 주로 밤에 활동하며 먹이를 찾아 풀밭이나 경작지 주변을 돌아다닌다.

왕딱정벌레

크기 : 38mm 내외   서식지 : 한국, 일본, 중국

몸 빛깔은 검은색이고 약간의 광택이 나며, 딱지날개에 혹처럼 생긴 융기들이 세로로 줄지어 있다.

딱정벌레과

딱정벌레는 단단한 외골격과 두꺼운 딱지날개 덕분에 적으로부터 몸을 잘 보호할 수 있어서 많은 개체 수를 자랑한다.

중국멋쟁이딱정벌레

앞가슴등판이 붉은색이고 딱지날개가 검은 초록빛이어서 매우 아름답다. 딱지날개의 점각(점으로 새긴 그림이나 무늬)이 눈에 띄게 튀어나와 눈물처럼 느껴진다.

크기 45mm 내외
서식지 중국

홍단딱정벌레

지역에 따라 색채 변이가 심하다. 원래는 광택이 나는 붉은색인데 높은 산지에 사는 경우 청녹색을 띤다. 낮에는 땅속에 있다가 밤이 되면 나무 위로 올라와 사냥을 하며, 불빛을 보고 모여들기도 한다.

크기 40mm 내외
서식지 한국, 중국, 러시아

곤봉딱정벌레

- 크기 65mm 내외
- 서식지 일본

일본에만 사는 딱정벌레로 긴 곤봉 모양이고, 광택 있는 검은색을 띠고 있다. 산지의 낙엽 밑에서 서식한다.

큰혹곰보딱정벌레(일본명)

- 크기 50mm 내외
- 서식지 중국

'곰보딱정벌레' 중에서 가장 큰 딱정벌레. 몸 양 끝에 적색과 황색의 문양이 있다.

학명 : Coptolabrus ignimetallus

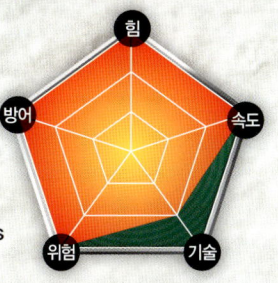

검정명주딱정벌레

- 크기 31mm 내외
- 서식지 한국, 일본, 중국, 러시아

대부분의 딱정벌레와 달리 명주딱정벌레 종류는 뒷날개가 있어서 날 수 있다. 나무에 올라가 나비나 나방의 애벌레를 잡아먹는다.

생존을 위한 사투

딱정벌레는 육식을 즐기는 대식가로 좋아하는 사냥감을 얻기 위해 지금의 모습으로 진화했다.

먹이를 잡기 위해

곤봉딱정벌레는 애벌레 시절부터 달팽이를 먹을 만큼 달팽이 애호가이다.

달팽이를 흡입한다! 달팽이를 발견하면 소화액으로 녹이면서 파먹는다. 크고 튼튼한 큰턱과 안쪽의 톱니는 달팽이 껍질을 부수고 살을 빼 먹기에 알맞다.

성장하기 위해

애벌레

애벌레도 대단한 육식성이다

가시가 달린 날카로운 집게로 흙 속의 지렁이나 다른 곤충들을 잡아먹는다.

먹이를 잡기 위해

잔인한 사냥꾼!

애벌레부터 곤충 시체까지 다 먹어치우는데, 등껍질이 부서지는 약점을 보이는 동족을 잡아먹기도 한다.

지상전일까? 수중전일까?
둘 다 자신에게 유리한 곳에서
싸우려 하지만, 뜻밖의 결말이
이들을 찾아온다!

곰보딱정벌레
큰홐곰보딱정벌레 (➡P43)

수채
장수잠자리의 애벌레

파워
수비력
스피드

① 습지를 달리는 곰보딱정벌레! 갑자기 눈앞에 괴상한 그림자가 나타납니다.

여치의 비밀

가을밤 풀숲의 음악가. 여치(수컷)의 울음소리는 암컷을 유인하는 사랑의 표현이다.

 공격

사냥감을 꼼짝 못 하게 붙잡는다!

앞다리와 가운뎃다리에 난 가시들은 사냥감을 붙잡아 도망가지 못하게 하는 무기다.

 공격

사냥감의 약점을 파악한다!

강한 턱을 가지고 있어. 좋아하는 메뚜기를 잡으면 목부터 부러뜨려 숨통을 끊은 뒤 천천히 맛본다.

스피드

도망치는 게 곧 이기는 것!

뒷다리가 발달해 멀리 뛸 수 있다. 천적이 나타나면 뒷다리를 이용해 재빨리 도망가며 무모한 싸움은 절대 하지 않는다.

여치

크기 : 33mm 내외
서식지 : 한국, 일본, 중국

메뚜기를 닮았지만, 메뚜기보다 다리가 길고 키가 크다. 잡식성으로 풀도 먹지만 벌레나 작은 곤충도 즐겨 먹는다.

여치 무리

가을밤, 풀숲에서 들려오는 곤충들의 소리는 유독 맑고 청아해서 정취를 더해 준다. 제각기 다른 소리를 내는 이들은 누구일까?

철써기

늦여름 밤에 '차각차각' 시끄럽게 운다. 풀숲에서 풀을 먹고 살며 온순한 성격이지만, 영역 의식이 강해서 침입자가 나타나면 목숨을 걸고 싸운다.

크기	45mm 내외
서식지	한국, 일본, 중국

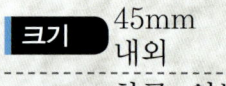

베짱이

수컷이 암컷을 유인하는 소리가 베를 짜는 소리와 같다고 해서 베짱이라는 이름이 붙었다. 주로 작은 곤충을 잡아먹는데, 죽은 건 입에 대지 않는다.

크기	25mm 내외
서식지	한국, 일본

자이언트붉은눈여치

- **크기** 100mm 내외
- **서식지** 미국 남부

전 세계에서 가장 몸집이 큰 여치이며 난폭한 편이다. 인간도 물리면 피가 날 정도로 큰 상처를 입는다.

풀첩지

- **크기** 42mm 내외
- **서식지** 한국, 일본

여치와 비슷하게 생겼지만, 등에 갈색 무늬가 있다. 날카로운 가시가 달린 앞다리로 사냥감을 잡은 뒤 먹는다. '시리시리' 하고 운다.

시리시리

꼽등이 (꼽등이과)

- **크기** 23mm 내외
- **서식지** 한국, 일본, 중국

돌 틈 같은 어두운 곳에 있다가 밤이 되면 나와서 활동한다. 점프 실력이 좋아, 어른 허리까지 뛰어오를 수 있다.

생존을 위한 사투

여치의 식성은 종류에 따라 잡식성, 육식성, 초식성이 있지만 대개는 육식성으로 용감하게 곤충을 사냥한다.

진화를 거듭한 몸

울음소리의 비밀은 앞날개!
좌우 앞날개를 비벼서 소리를 낸다.

성장하기 위해

식욕이 왕성한 유충
애벌레 시절에는 주로 꽃가루나 풀잎을 먹고 산다.

먹이를 잡기 위해

벌도 잡아먹는다!

날카로운 턱이 최대 무기

여치는 탈피를 반복하는 동안 턱이 발달하는데, 이는 사냥을 하기 위한 강력한 무기가 된다. 때로는 사마귀처럼 큰 곤충도 잡아먹는다.

자이언트붉은눈여치가 개미귀신이 만든 모래 함정에 빨려 들어간다. 죽음의 위기를 모면할 대책은?

여치
자이언트붉은눈여치 (➡P51)

개미귀신
명주잠자리의 애벌레

VS

여치	
파워	
수비력	
스피드	

개미귀신	
파워	
수비력	
스피드	

1

쉬고 있던 여치를 발견하고 급히 함정(개미지옥)을 만드는 개미귀신…….

귀뚜라미의 비밀

수컷은 날개를 비벼서 사랑의 세레나데를 불러 암컷을 유혹하는데 짝짓기에 성공하면 울음소리는 단조롭게 바뀐다.

 공격

더듬이와 큰턱으로 상대를 무찌른다!

수컷끼리 더듬이가 접촉되면 싸움 신호로 받아들이고 더듬이로 펜싱을 하듯 칼싸움을 하다가 큰턱을 벌리고 격투에 돌입한다.

 방어

앞다리에 귀가 있어, 아무리 작은 소리도 들을 수 있다!

여치와 마찬가지로 앞다리에 귀가 있다. 덕분에 사냥감이나 천적이 내는 소리를 들을 수 있다.

공격

승리의 노래로 강력함을 어필한다!

수컷끼리의 싸움에서 승리하면 날개를 비비며 승리의 노래를 불러, 자신이 얼마나 강한지 사방에 전한다.

왕귀뚜라미

크기 : 35mm 내외   서식지 : 한국, 일본, 중국

우리나라에서 흔히 볼 수 있고, 얼굴에 V 모양의 노랑 줄무늬가 있어서 다른 종과 쉽게 구별된다. 야간에는 단거리를 날아다니기도 한다.

메뚜기목

귀뚜라미는 여치와 함께 메뚜기목에 속한다. 노래 외에도 나름의 장기를 가진 귀뚜라미와 곤충들이 있다.

땅강아지

크기 35mm 내외
서식지 한국, 일본, 대만 등

두더지처럼 땅을 파고 살며 습지를 선호한다. 좌우로 펼칠 수 있는 앞다리와 삽날처럼 생긴 종아리는 땅을 파는 데 안성맞춤이다. 온몸에 융과 같은 털이 덮여 있어 수영도 잘하고, 날 수도 있다. 땅강아지과에 속한다.

모대가리귀뚜라미

크기 20mm 내외
서식지 한국, 일본, 중국

평편하면서도 십(+)자 모양을 한 얼굴이 우스꽝스럽다. 반면에 암컷은 그리 납작하지 않고 둥근 편이다. 수컷끼리 싸울 때는 뒷다리로 몸을 지탱하고 일어서서 마치 일본씨름(스모) 선수처럼 싸운다.

시아 페록스 (통칭 리옥크)

크기 70mm 내외　**서식지** 인도네시아

대왕귀뚜라미라는 별명과 다르게 귀뚜라미가 아닌 여리여치상과에 속하는 대형 곤충이다. 매우 난폭하며 싸울 때는 묵직한 앞다리로 짓누르고 큰턱으로 물어뜯는다.

어리여치

크기 30mm 내외　**서식지** 한국, 일본

귀뚜라미류와 여치류의 중간 형태이다. 나무 위에서 입에서 나온 실로 나뭇잎을 엮어서 집을 짓고 산다. 낮에는 그 안에 들어가 있고 밤에는 돌아다닌다.

극동귀뚜라미

크기 20mm 내외　**서식지** 한국, 일본, 중국

머리는 둥글고 도자기처럼 광택이 나며, 이마에 ∩ 무늬가 선명하다. 더듬이는 몸길이의 1.5배나 된다. 풀숲이나 정원의 돌 밑에서 볼 수 있다.

생존을 위한 사투

귀뚜라미를 노리는 천적은 많지만, 튼튼한 뒷다리로 도약해 재빨리 도망치고 단거리는 날아서 위기를 모면한다.

진화를 거듭한 몸

앞다리에 숨어 있는 비밀

앞다리 종아리 마디에 고막이 있어서 주위의 소리를 예민하게 들을 수 있다.

클로즈업

살아남기 위해

풀이든 고기든, 뭐든지 먹는다

농작물을 해치는 해충으로 사람의 음식도 먹는다.

넓적한 앞다리로
사각사각 구멍을 판다

진화를 거듭한 몸

최고의 재주꾼! 땅강아지는 땅 파기, 수영, 달리기, 비행 능력까지 두루 갖추고 있어서 천적인 조류, 개구리, 족제비, 너구리, 두더지의 공격을 재빨리 피할 수 있다.

천적의 어떠한 공격도 우아하게 피하는 왕소금쟁이와 튼튼한 앞다리로 순식간에 땅을 팔 수 있는 땅강아지가 격전을 벌인다!

땅강아지
(➡P58)

파워
수비력
스피드

소금쟁이
왕소금쟁이

파워
수비력
스피드

① 땅강아지가 구멍을 파서 소금쟁이 곁으로 다가갑니다.

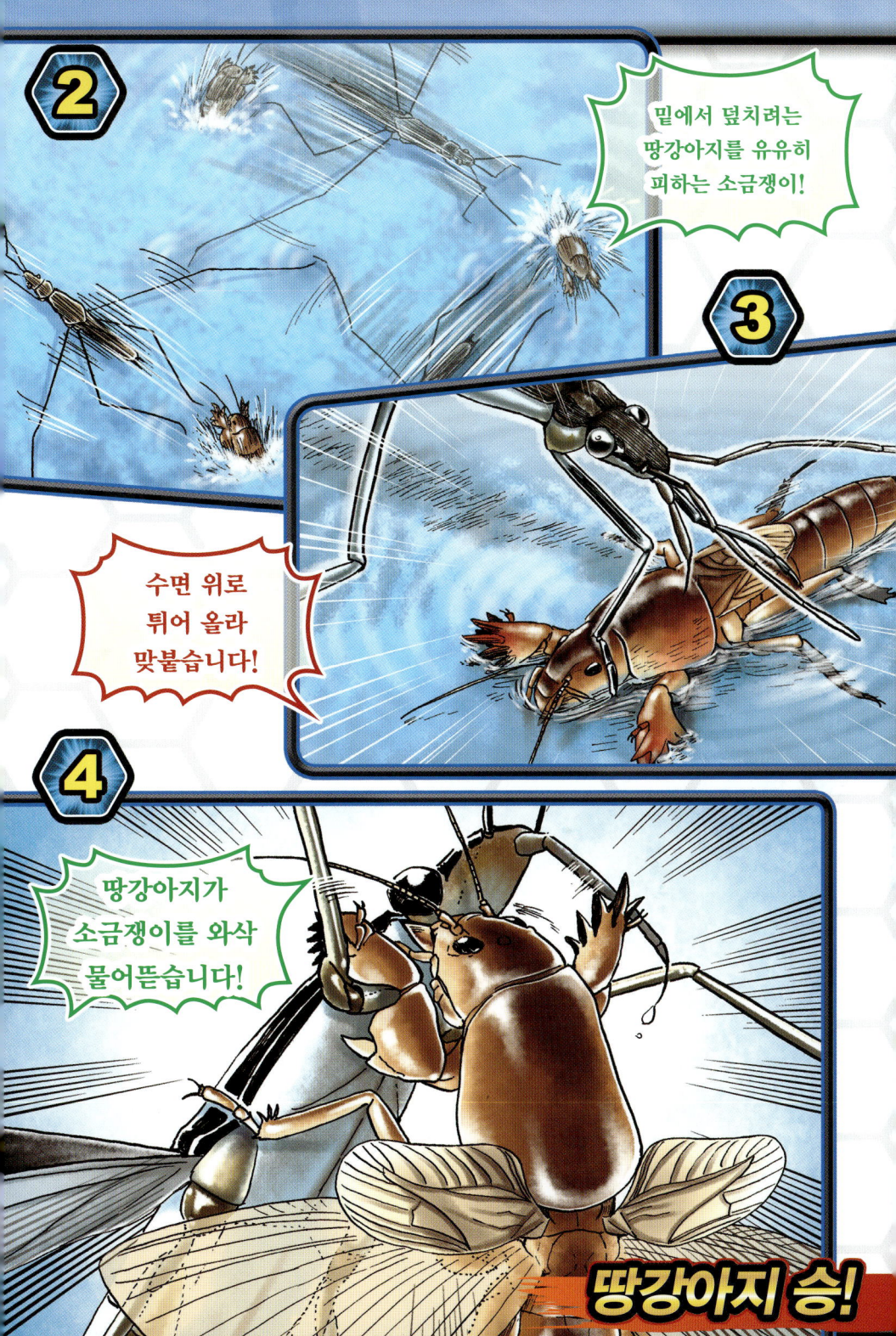

물장군의 비밀

물속에 사는 가장 큰 곤충이고, 최강의 포식자이기에 '물장군'이라는 이름이 붙었다.

 공격

뾰족한 입으로 사냥감을 빨아 먹는다!

입으로 상대를 마비시키는 독과 소화액을 주입한다. 순식간에 독으로 마비된 사냥감은 움직이지 못하게 되고, 물장군은 체액을 빨아 먹는다.

 공격

날카로운 발톱으로 사냥한다!

날카로운 발톱이 달린 커다란 앞다리로 상대를 포획한다. 도망치려고 발버둥치던 사냥감은 결국 힘을 잃고 만다.

 스피드

등에 달린 날개로 하늘을 날 수도 있다!

물속에서는 뒷다리와 가운뎃다리에 있는 긴 털로 추진력을 얻어 헤엄치고, 물 밖에서는 기어다니거나 날아서 이동할 수 있다.

 방어

물속에 숨어 천적에게서 몸을 보호한다!

배끝에 호흡기관인 숨관이 있어서, 꽁무늬를 물 밖으로 내밀어 공기를 들이마신다. 덕분에 물 밖의 천적으로부터 몸을 보호할 수 있다.

물장군
크기 : 65mm 내외 서식지 : 한국, 일본, 중국, 대만

논이나 연못 같은 고인 물에서 살며, 제 몸보다 훨씬 큰 물고기도 잡아먹는다. 야행성이며 불빛에 날아들기도 한다.

수생 곤충

애벌레 시절이나 일생을 물에서 사는 곤충들을 일컬어 '수생 곤충' 또는 '수서 곤충'이라고 부른다.

장구애비

앞다리로 덤벙거리는 모습이 마치 장구를 치는 것 같다고 해서 붙여진 이름이다. 가시가 달린 낫 모양의 앞다리로 사냥감을 포획하며, 천적을 만나면 죽은 척한다.

| 크기 | 38mm 내외 |
| 서식지 | 한국, 일본, 중국 |

물자라

짝짓기를 한 암컷은 수컷 등에 알을 줄지어 낳아 붙인다. 물 밖은 물새 같은 천적에게 공격당할 위험이 크지만, 수컷은 알에 산소를 공급하기 위해 온종일 물 밖에서 지낸다.

| 크기 | 20mm 내외 |
| 서식지 | 한국, 일본, 중국 |

물방개

호흡을 위해 물 위아래를 부지런히 드나드는데, 날개 밑에 공기를 저장해 뒀다가 물속에서 사용한다. 냄새에 민감해서 상처 난 물고기 냄새를 맡으면 멀리서도 알아채고 달려든다.

크기
42mm 내외

서식지
한국, 일본, 중국

물방개 애벌레

난폭한 성격으로 눈앞에 있는 건 뭐든지 다 공격하고 먹어 치운다. 굉장히 강한 독을 지니고 있으며, 사람이 잡으려고 들면 바로 물어 버린다. 물방개 애벌레에게 물리면 꽤 오랫동안 아픔을 느끼며, 피부가 괴사할 수도 있다.

크기
80mm 내외

서식지
한국, 일본, 중국

생존을 위한 사투

물장군의 포식성은 동족에게도 나타나 알에서 깬 애벌레 중 10%가 형제의 입속으로 사라진다.

먹이를 잡기 위해

독에 마비된 물고기.

큰 사냥감도 손쉽게 잡아먹는다

앞다리를 이용한 포획 기술과 소화액 주입으로 제 몸보다 큰 물고기와 개구리, 뱀까지 거뜬히 잡아먹는다.

자손을 남기기 위해

많은 알을 업고 다닌다.

물자라의 놀라운 부성애

암컷은 수컷 등에 알을 낳고, 수컷은 부화할 때까지 알을 돌본다.

먹이를 잡기 위해

독을 가진 물방개 유충

큰턱과 적을 마비시킬 수 있는 독으로 자신보다 큰 사냥감도 쉽게 잡아먹는다.

가상배틀 9

공중에서 갑자기 날아든 장수잠자리와 맞서게 된 물장군. 상대가 힘쓰지 못하게 하는 두뇌 플레이가 승패를 가른다!

물장군 (→P65) VS 잠자리
장수잠자리 (→P99)

- 파워
- 수비력
- 스피드

- 파워
- 수비력
- 스피드

1

물장군의 알을 노리고 빙글빙글 허공을 맴도는 장수잠자리……

특수한 능력을 가진 두 벌레가 싸우면 눈을 뗄 수 없을 만큼 상황이 급변한다. 접근전을 노리는 뭉뚝참진드기는 계획대로 공격할 수 있을까?

물방개 (→P67) vs 진드기
뭉뚝참진드기

파워 / 수비력 / 스피드

1

물방개의 체액을 빨아 먹고 점점 통통해지는 진드기!

세상에서 가장 힘센 곤충

1위 쇠똥구리

똥을 굴리는 쇠똥구리. 수컷 쇠똥구리는 경단을 만들어 구덩이를 파고 집어넣는다. 이때 경단의 무게는 쇠똥구리의 50배가 넘는다. 암컷은 경단에 알을 낳고, 애벌레도 똥을 먹고 자란다. 쇠똥구리는 자기 몸무게의 1,140배나 되는 무게를 굴릴 수 있는 힘을 가졌다.

곤충의 힘은 엄청나서 제 몸무게보다 수십 배나 무거운 것을 들어 올리거나 끌고 갈 수 있다. 만약 곤충이 사람과 같은 크기였다면 정말 무시무시한 존재가 되었을 것이다.

2위 개미

비록 몸은 작지만 개미의 힘은 놀랍다. 사람이 보통 자기 몸무게의 0.9배까지 짐을 들어 올릴 수 있는데 비해, 개미는 제 몸보다 25배나 무거운 먹이를 물고 돌아다니며 벽을 타기도 한다.

3위 장수풍뎅이

장수풍뎅이는 제 몸보다 20배나 무거운 것을 들거나 끌 수 있다. 장수풍뎅이가 힘이 센 것은 굵고 튼튼한 몸통과 다리 덕분이다. 특히 수컷은 머리에 난 긴 뿔로 지렛대의 원리를 이용해 물건을 들어 올린다.

특별상 — 이 친구도 굉장해요!

넓적사슴벌레

넓적사슴벌레는 사슴벌레 중에서 가장 크고 힘도 세다. 난폭하고 싸움도 잘하는데 무시무시한 큰턱으로 다른 곤충을 두 동강 낼 수 있다.

곤충의 특징

곤충과 벌레는 어떻게 다를까?
또 절지동물과는 어떤 관련이 있을까?

벌레는 곤충을 비롯해서 기생충 같은 하등 동물을 통틀어 이르는 말이다. 하지만 모든 벌레가 곤충은 아니다. 곤충이 되기 위해서는 다음 조건을 갖춰야 한다. 첫째, 몸이 머리, 가슴, 배 세 부분으로 되어 있을 것. 둘째, 다리가 6개이고 날개가 있을 것. 셋째, 한 쌍의 더듬이와 겹눈이 있을 것. 절지동물은 어떤 동물일까? 동물을 나누는 가장 큰 기준은 등뼈(척추)가 있느냐, 없느냐이다. 절지동물은 등뼈가 없는 무척추동물이며, 딱딱한 껍질로 싸여 있고 마디가 있는 것이 특징이다. 갑각류(새우, 게)와 다리가 엄청 많은 다지류(지네)가 절지동물에 속하며, 곤충류와 거미류도 절지동물의 한 무리이다. 그러니까 곤충은 절지동물이고, 무척추동물이면서 벌레라고도 부를 수 있다.

벌레
짐승, 새, 물고기 이외의 작은 생물
지렁이, 달팽이 등

절지동물
딱딱한 껍질과 마디를 지닌 생물
거미, 전갈, 지네 등

곤충
6개의 다리를 지닌 절지동물
장수풍뎅이, 메뚜기, 나비, 벌 등

2 스피드 타입

빠른 발로 움직이거나 날개로 이동하는 등 특징적인 움직임을 지닌 곤충을 소개한다. 특기인 스피드를 이용해 먹이를 잡거나 천적으로부터 도망을 칠 수 있다.

벌의 비밀

엉덩이에 있는 독을 품은 짧은 침으로 적을 찌른다!
여왕벌과 아기 벌을 지키기 위해 싸우는 여전사들!

 **공격**

최대 무기는 엉덩이의 독침!

독침은 여러 번 사용할 수 있다. 독의 냄새로 동료를 불러 함께 적을 물리치거나 먹이를 잡는다.

 **스피드**

바이크와 같은 속도로 쫓는다!

인간이 말벌을 피해 도망친다면 말벌에게 금방 따라잡힌다. 눈 깜짝할 사이에 쫓아와 팔이나 얼굴을 찌르며 공격을 퍼붓는다.

공격

강력한 턱으로 물어뜯는다!

강한 턱은 먹이를 잡을 뿐만 아니라 '깔짝깔짝' 하는 소리를 내며 천적에게 '물러서지 않으면 가만두지 않겠다.'라고 선전 포고하는 역할도 한다.

장수말벌

크기 : 40mm 내외 서식지 : 한국, 일본, 중국

한국, 일본, 중국에 사는 벌 중에서 가장 몸집이 크다. 말벌 애벌레은 나비나 나방의 애벌레를 먹이로 먹는다. 난폭한 성격으로 강한 턱과 독침으로 공격한다.

벌목

엉덩이에 독이 있는 침을 가진 벌. 벌의 종류를 막론하고 암벌만 침을 가지며 벌집을 지키고 사냥하기 위해 싸운다.

타란툴라 호크

세계 최강의 벌. 자기보다 몇 배나 큰 몸집을 지닌 타란툴라 거미를 먹이로 삼는다. 거미 주위를 서성이며 틈을 엿보다 독침을 찌른다. 때로는 무시무시한 기세로 거미와 뒤엉켜 싸우기도 한다.

크기 60mm 내외

서식지 미국

양봉꿀벌

배와 다리에 부들부들한 털이 달린 귀여운 벌. 꽃의 꿀을 빨아들인다. 동료애가 깊어서 목숨을 걸고 천적과 싸우기도 한다. 인간처럼 거대한 적과 싸울 때는 찔러 넣은 침이 빠지지 않아, 엉덩이가 찢어져 목숨을 잃고 만다.

크기 13mm 내외

서식지 유럽, 한국, 일본, 중국

부들부들한 털.

보석말벌

| 크기 | 50mm 내외 | 서식지 | 미국, 남아시아 |

강력한 턱으로 바퀴를 잡는 벌. 상대의 가슴과 머리에 독을 주입해서 제대로 움직이지 못하게 한 뒤, 벌집으로 데리고 간다.

등검정쌍살벌

| 크기 | 26mm 내외 | 서식지 | 한국, 일본 등 |

일본에 사는 쌍살벌 중 가장 크다. 벌집에 접근한 적을 발견하면 턱을 울리며 위협하다가 상대의 동태를 파악한 뒤 공격한다.

아프리카화꿀벌

| 크기 | 12mm 내외 | 서식지 | 미국 |

영역에 대한 집착이 굉장히 강하며, 떼를 지어 공격하는 경우가 많다. 집단으로 인간을 공격할 경우, 인간이 목숨을 잃을 수도 있는 난폭한 벌이다.

생존을 위한 사투

무기인 강한 턱과 침으로 먹이를 사냥하는 벌. 벌집을 지키기 위해 동료들과 힘을 합쳐 목숨을 걸고 싸우기도 한다.

영역을 지키기 위해

여왕벌을 지키면서 대이동! 여왕벌이 새로운 여왕벌이 태어날 알을 낳으면 새로운 벌집을 찾기 위해 일벌과 벌집에서 나온다. 일벌은 여왕벌을 중심으로 거대한 무리를 이루어 이동한다.

동료와 살아가기 위해

여왕벌

일벌

집단으로 하나의 사회를 이룬다
꿀벌은 여왕벌을 중심으로 일벌과 수벌로 무리를 이루어 생활한다.

동료와 살아가기 위해

꿀벌의 침은 최종 병기
꿀벌의 침에는 박힌 뒤에 침이 빠지지 않도록 하는 작은 갈고리(미늘)들이 십여 개 있어 빼려고 하면 연결된 내부 장기가 끊어져 죽고 만다.

생존을 위한 사투

먹이를 잡기 위해

큰턱으로 덥석!

사마귀

큰턱으로 씹어 먹는다!

장수말벌은 애벌레의 먹이를 확보하려고 다른 벌레를 공격한다. 특기인 큰턱으로 잘라 놓은 먹잇감을 둥근 경단으로 만들어 벌집으로 가지고 간다.

먹이를 잡기 위해

독침에 찔려서 쓰러진 사마귀······

말벌

강적에게는 독침으로 공격한다!

평소에는 큰턱으로 먹잇감을 사냥하지만, 사마귀나 거미처럼 거대한 상대와 싸울 때는 독침으로 공격한다.

가상배틀

하나의 힘은 약할지라도 여럿이 뭉치면 그 힘은 수백 배가 된다. 절체절명의 위기를 벗어나게 하는 건 바로 동료의 힘!

꿀벌
일본꿀벌

- 파워
- 수비력
- 스피드

개미
자이언트개미

- 파워
- 수비력
- 스피드

1 꿀벌 집으로 개미 군단이 쳐들어왔어요!

장수말벌의 강력한 침과 대장왕바구미의 단단한 몸. 이 두 곤충이 가진 최강 무기 중 더 센 것은 무엇일까?

벌
장수말벌 (➡P79)

바구미
대장왕바구미

파워					
수비력					
스피드					

파워					
수비력					
스피드					

1

바구미의 등을 공격하는 장수말벌!

메뚜기의 비밀

무시무시한 점프력이 특기! 긴 다리로 하늘 높이 날아올라, 넓은 날개로 하늘을 나는 초원의 방랑자!

 스피드

점프로 닿을 수 없다면 날개로 날아오른다!

일부 메뚜기 중 성충은 날개가 발달하여 하늘을 자유자재로 나는 것이 가능하다. 수많은 메뚜기들이 하늘을 나는 모습은 실로 무시무시하다.

 스피드

스피드의 비밀은 특별한 다리!

천적이 다가오면 흡반(빨판)처럼 생긴 다리를 지면에 찰싹 붙인 뒤, 있는 힘을 다해 하늘 높이 뛰어오른다. 되도록 높이 날아올라 천적의 시야에서 멀리 도망친다.

공격

딱딱한 나뭇잎도 부수어 먹는 강한 턱!

수만, 수억 마리의 메뚜기가 모이면 하늘은 온통 메뚜기 떼로 뒤덮인다. 수백 킬로미터나 되는 거리를 이동하며 잎을 죄다 먹어 치운다.

풀무치

크기 : 40mm 내외   서식지 : 전 세계

메뚜기과 중에서 점프력으로는 단연코 1등이다. 두툼하고 강력한 뒷발로 지면을 힘차게 박찬 뒤, 30m 정도 날아오른다.

메뚜기과

메뚜기과는 종류에 따라 점프력과 하늘을 나는 거리가 다르다. 같은 메뚜기라도 집단 생활을 하면 녹색이었던 몸이 갈색으로 바뀐다.

사막메뚜기

크기 50mm 내외
서식지 아프리카

집단으로 이동하며 생활하는 메뚜기로, 바람을 타고 하늘 높이 날아오른다. 이동 중에 보이는 모든 풀을 다 먹어 치워서 사막메뚜기 떼가 지나가면 땅에는 흙밖에 남지 않는다.

각시메뚜기

크기 50mm 내외
서식지 한국, 일본 등

몸이 전체적으로 흙색이며, 수풀을 서식지로 삼는다. 온순한 편이라 다른 곤충에게 먼저 싸움을 거는 일이 없으나, 천적에게 잡히면 검은 액체를 토해내며 공격한다. 이 액체를 토하면 몸이 가벼워져 높이 뛰어오를 수 있다.

방아깨비

| 크기 | 50mm 내외 | 서식지 | 한국, 일본 등 |

가는 몸을 가졌고 일본에서 가장 큰 메뚜기이다. 1m 정도 뛰어올라 상대를 위협한 뒤, 3m 정도 더 날아올라 몸을 숨긴다.

두꺼비메뚜기

| 크기 | 20mm 내외 | 서식지 | 한국, 일본 등 |

등에 혹 모양의 돌기가 달린 얼룩무늬 메뚜기. 무늬가 흙과 비슷해 보여서 발견하기가 쉽지 않다.

좁쌀메뚜기

| 크기 | 6mm 내외 | 서식지 | 한국, 일본 등 |

반짝반짝 빛나는 몸을 지녔으며 엉덩이에서 고약한 방귀를 내뿜으며 공격한다. 자기 몸보다 100배나 더 높이 뛰어오를 수 있다.

생존을 위한 사투

환경의 변화에 쉽게 적응하는 강인한 생명력이 장점인 메뚜기. 집단의 힘으로 인간조차도 멈추지 못할 만큼 강력한 위력을 보이기도 한다.

성장하기 위해

애벌레 시절에는 날지 못한다
애벌레는 날개가 없다. 차츰 성장하면서 조금씩 날개가 생긴다.

살아남기 위해

메뚜기끼리도 잡아먹는다!

때로는 동료도 먹이로 삼는다
평소에는 잎을 먹지만, 탈피할 때는 동료를 먹기도 한다.

성장하기 위해

탈피한 뒤 날개를 쭉 펼친다!

탈피한 껍질.

탈피 과정을 거치며 조금씩 모습이 변한다!

애벌레는 불완전변태라는 탈피를 반복하면서 조금씩 성장한다. 마지막 탈피를 한 뒤 어느 정도 시간이 지나면 날개가 뻗어 날 수 있다.

두꺼비메뚜기에게 공격 당해 위기에 빠진 호랑나비. 너덜너덜해진 몸으로 마지막 힘을 다해 쏟아부은 공격의 결과는?

메뚜기
두꺼비메뚜기 (➡P93)

나비
호랑나비 (➡P141)

VS

파워				
수비력				
스피드				

파워				
수비력				
스피드				

① 메뚜기가 연달아 기습 공격을 퍼붓고 있습니다!

잠자리의 비밀

하늘에서 뒤집혀서 날거나 공중에서 멈추는 것도 특기! 하늘을 자유자재로 날아다니며 먹잇감을 노리는 하늘의 사냥꾼!

비축해 놓은 힘으로 고속 스피드!

장수잠자리의 최고 속도는 시속 70km로 차와 비슷하다. 이 스피드로 먹잇감을 쫓으면 아무도 도망칠 수 없다.

날개를 조절하여 사냥을 한다!

네 장의 날개에는 각각 근육이 있어 날개를 자유롭게 움직일 수 있다.

⚔ 공격

강력한 턱은 최대 무기!

강한 턱으로 먹잇감을 물고 하늘 높이 날아오른다. 도망칠 곳을 잃은 먹잇감은 그저 잡아먹힐 때만을 기다릴 수밖에 없다.

| 장수잠자리

크기 : 80mm 내외   서식지 : 한국, 일본, 중국, 대만

복안이라는 커다란 눈을 가졌는데 레이더와 비슷한 역할을 한다. 먹잇감을 발견하면 정확히 조준한 뒤 공격하여 그대로 공중으로 물고 날아오른다.

잠자리목

얼굴의 반이 눈인 잠자리. 유난히 빛깔이 곱기에 잠자리의 눈을 '하늘을 나는 보석'으로 부르기도 한다.

카에룰라투스대왕실잠자리

세계에서 가장 큰 실잠자리다. 좋아하는 거미를 발견하면 빠른 속도로 접근하여 강한 턱과 여섯 개의 다리로 잡는다. 가장 먼저 다리부터 먹어 치워 먹잇감이 도망가지 못하게 한 뒤 천천히 음미하며 잡아먹는다.

크기 120mm 내외

서식지 남미

밀잠자리

푸른 하늘처럼 맑은 물빛의 몸을 지녔으며 물이 있는 곳을 좋아한다. 영역 의식이 강해 다른 수컷이 침입하면 바로 싸움을 시작하는데, 네 장의 날개를 활짝 펴고 공중전을 벌인다.

크기 55mm 내외

서식지 한국, 일본 등

왕잠자리

| 크기 | 75mm 내외 | 서식지 | 한국, 일본 등 |

1초에 7m의 속도로 하늘을 난다. 먹잇감이 왕잠자리의 접근을 눈치챘을 땐 이미 잡힌 뒤다.

푸른아시아실잠자리

| 크기 | 40mm 내외 | 서식지 | 한국, 일본 |

실처럼 가는 몸을 지녔다. 날고 있는 벌레를 발견하면 날개를 치며 날아올라 잡는다.

수채

| 크기 | 종류에 따라 다름 | 서식지 | 전 세계 |

물에 사는 잠자리의 애벌레. 살아 있는 벌레를 발견하면, 턱을 순간적으로 내밀어 사로잡는다.

이 부분이 늘어난다.

생존을 위한 사투

물에서 육지로 서식지가 바뀌는 잠자리. 날카로운 턱과 뛰어난 비행 기술을 지녀 물에서도 육지에서도 쉽게 사냥을 한다.

먹잇감을 잡기 위해

아랫입술로 물고기를 잡는다.

숨겨 놓은 턱이 무기

먹잇감을 발견하면 평소에는 드러내지 않은 아랫입술을 길게 뺀 뒤 잡아챈다. 아랫입술 끝에 붙은 집게가 꽤 날카로워 작은 물고기 정도는 쉽게 잡아먹을 수 있다.

먹잇감을 잡기 위해

하늘을 날며 먹이를 먹는다
파리나 모기 같은 작은 먹이는 날면서도 먹을 수 있다.

자손을 남기기 위해

짝짓기를 하며 사랑을 꽃피운다!

날면서 짝짓기한다
어떤 잠자리는 그 어떤 방해도 받지 않으려고 하늘을 날면서 짝짓기를 하기도 한다.

생존을 위한 사투

몸을 지키기 위해

수채에서 잠자리로!

물에서 하늘로 날아오른다

수채는 우화를 할 시기가 다가오면 호흡을 하려고 수면 위로 몸을 드러낸다. 우화할 때는 등부터 몸이 나오며, 마지막으로 날개를 펼친다.

진화를 거듭하는 몸

자유롭게 움직일 수 있는 네 장의 날개

잠자리에게는 근육이 있는 네 장의 날개가 있다. 이 날개를 자유자재로 움직이면서 빠른 속도로 쉼 없이 날 수 있다.

가상배틀 14

전투는 육지에서 수중으로 전투지가 바뀔수록 더욱 치열해진다. 그러다 공중전까지 벌어지면 생각지도 못한 전개가……!

잠자리
왕잠자리 (➡P101)

파리매 (➡P112)

VS

| 파워 | 수비력 | 스피드 |

1 잠자리 뒤에서 빠른 속도로 쫓아오는 파리매!

가상 배틀 15

엉덩이에서 물을 분출하는 왕잠자리의 수채. 카에룰라투스대왕실잠자리는 과연 수채의 공격을 막아내고 승리할 수 있을까?

잠자리
카에룰라투스대왕실잠자리 (➡P100)

수채
왕잠자리 애벌레

파워					
수비력					
스피드					

1

거미를 먹고 있는 잠자리에게 슬며시 다가가는 수채……

파리의 비밀

작은 몸으로 커다란 먹잇감을 노린다. 동물의 피를 빨아먹는 파리도 있기에 '곤충계의 흡혈귀'로 불리기도 한다.

 공격

먹이를 발견하면 할짝할짝 핥는다

파리의 입은 물지 못한다. 대신에 액체를 핥기 쉽도록 진화했다.

 방어

특수한 액체로 어디든지 머물 수 있다

파리는 다리 끝에서 끈적끈적한 액체가 나온다. 이 액체 덕에 유리나 창에 딱 붙어 있을 수 있다.

 스피드

작은 몸으로 빠르게 도망칠 수 있다!

파리에게는 덩치가 큰 천적이 많다. 천적이 공격해 오면 상황을 재빨리 파악한 다음 하늘로 날아올라 눈 깜짝할 사이에 도망친다.

집파리

크기 : 6mm 내외   서식지 : 전 세계

두 장의 날개를 자유로이 움직이며 위로 아래로 날아오를 수 있기에 천적의 공격에서도 쉽게 벗어난다. 비행 속도는 1초에 약 1m다.

파리목

집안을 요리조리 잘 날아다니는 파리는 사실 해충이다. 파리에게 독은 없지만, 인간에게 질병을 옮겨서이다.

파리매

크기 30mm 내외 **서식지** 한국, 일본

먹잇감이 등을 보이면 바로 날아가 자기 몸을 있는 힘껏 부딪힌다. 뒤에서 공격하는 게 특기로, 일단 먹잇감을 잡으면 끝이 뾰족한 빨대처럼 생긴 주둥이로 먹잇감을 찔러 체액을 빨아먹는다.

침파리

크기 7mm 내외 **서식지** 전 세계

빨대처럼 생긴 주둥이를 지녔으며, 먹잇감의 피부를 찔러 피를 빨아먹는다. 먹잇감들은 침파리에 찔리면 심한 통증과 가려움을 느끼지만 움직일 순 없다. 전염병이 창궐하는 곳에 자주 나타나기에 침파리가 전염병을 옮기는 주범이 될 때도 있다.

소등에

눈이 녹색인 등에. 배에는 노란색 사각형 문양이 있는 것이 특징이다. 낮고 깊은 '부웅'하는 소리를 내면서 하늘을 날아다닌다. 소나 인간을 공격하며 주둥이로 피를 빨아먹는다. 독은 없지만, 찔리면 통증이 있다.

크기 25mm 내외 서식지 한국, 일본

쉬파리의 동료

크기 10mm 내외 서식지 전 세계

죽은 생물을 먹는 파리. 더욱 놀라운 점은 먹잇감의 몸에 알을 낳은 뒤, 부화한 애벌레가 먹잇감을 뜯어먹으며 자라게 한다는 사실이다. 성장한 애벌레는 먹잇감의 피부를 뚫고 나오기도 한다.

생존을 위한 사투

파리는 인간과 소의 피를 빨아먹거나, 피부 속에 알을 낳는 등 다른 곤충과는 다른 특징을 지녔다.

진화를 거듭한 몸

스무 가지 이상의 근육으로 날개를 움직인다

1초에 150회 이상 날개를 움직이는데, 이 덕분에 단 한 번의 쉼도 없이 하늘을 날 수 있다.

먹이를 손에 넣기 위해

꿀벌
등에

날카로운 입으로 사람이나 소, 말을 찌른다!

흡혈하는 성질이 있는 등에는 날카로운 주둥이로 먹잇감을 찌른 뒤 상처에서 흘러나오는 피를 빨아먹는다.

진화를 거듭한 몸

8,000개의 눈이 모여 있다!

'낱눈'이라는 작은 눈이 약 8,000개나 모여 있는 파리의 눈(겹눈)은, 다른 곤충이나 인간의 움직임을 느린 영상으로 포착할 수 있다고 한다.

가상배틀 16

승부에선 아주 작은 판단 착오로도 전세는 뒤바뀐다. 우열을 가릴 수 없는 전투를 끝낸 건 어떤 특별한 능력일까?

파리
침파리 (➡P112)

모기
붉은집모기 (➡P241)

VS

파워			
수비력			
스피드			

파워			
수비력			
스피드			

1 현란한 움직임으로 파리를 위협하는 모기!

매미의 비밀

온화한 성격으로 먼저 싸움을 거는 일은 거의 없다.
다른 벌레들과도 두루두루 사이좋게 지내는 큰형님.

 **스피드**

자신만만한 날개로 하늘을 날아다닌다!

신변이 위험해지면 바로 날아올라 자취를 감춘다. 도망칠 때는 오줌을 뿌려 몸을 가볍게 하고 상대를 교란시킨다.

 **방어**

자신이 파놓은 우물을 다른 벌레에게 양보한다!

끝이 뾰족한 입으로 나무에 구멍을 파 우물을 만든 뒤, 수액을 빨아먹는다. 다른 벌레가 수액을 빨기 위해 접근하면 자리를 양보해 준다.

 **방어**

작은 몸에서 나오는 큰소리!

매미의 가장 큰 특징은 우렁찬 소리다. 배에 있는 근육을 1초에 2만 번에 가깝게 진동시켜 그 큰소리를 낸다고 한다.

유지매미

크기 : 60mm 내외   서식지 : 한국, 일본, 중국, 뉴기니

'맴, 맴'하고 우렁차게 우는 대형 매미. 그 큰 목소리로 암컷을 자신이 있는 곳으로 불러들인다. 먼저 찾아가는 일은 절대 없다.

매미목

여름의 어느 짧은 기간만 우는 매미에는 여러 동료가 있다. 마치 몬스터를 연상시키는 외모를 지닌 매미도 있다.

말레이제왕매미

세계 최대 크기의 매미로 날개를 펴면 무려 200mm에 가까운 것도 있다. '맴맴맴맴맴'하고 낮은 소리로 우는데, 그 소리가 100m까지 울려 퍼진다. 한 번 울기를 멈췄다가도 100m 떨어진 곳에서 다시 장소를 바꿔 울어댄다.

크기 80mm 내외
서식지 말레이 반도

저녁매미

저녁 무렵에 주로 운다. 가까이에 있는 동료와 서로 경쟁하듯이 울어대기 때문에 우는 소리만으로는 찾기가 힘들다. 울기를 멈추면 다른 나무로 이동한 뒤 암컷을 찾는다.

크기 25mm 내외
서식지 동아시아

왕매미충

녹색의 매미목 매미충과의 곤충. 매미충은 천적이 가까이 다가와도 바로 도망가지 않는다. 먼저 슬슬 옆으로 몸을 피해 숨으려고 한다. 하지만 정말 위험하다는 판단이 서면 바로 날아올라 도망치는 왠지 귀여운 곤충이다.

크기
10mm 내외

서식지
일본

뿔매미의 동료

'헬멧'이라고도 부르는 뿔을 지닌 것이 특징으로, 다양한 모습을 한 뿔매미가 많다. 흉내 내기를 잘하며 개미나 벌하고도 사이가 좋다. 이들에게 수액을 양보한 답례로 이들이 매미를 천적으로부터 보호해 주기도 한다.

크기
3~20mm

서식지
전 세계

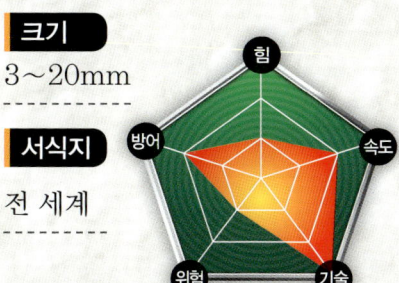

생존을 위한 사투

오랜 기간 흙 속에서 지내며 다른 곤충을 웬만해서는 공격하지 않는다. 울음 소리와 오줌에는 비밀이 숨어 있다.

적에게 입은 상처

왕그리마

애벌레 시절의 다양한 천적

흙에서 사는 매미 애벌레에게 왕그리마와 땅강아지, 두더지는 최대의 천적이다. 안전해 보이는 장소에서도 천적에게 발각돼 잡아먹히기도 한다.

성장하기 위해

우화한 직후에는 몸이 하얗다.

우화하기에 가장 좋은 때는 밤!
2~3시간 동안 껍질을 벗어야 하기에, 천적이 자주 출몰하는 아침이 되기 전에 우화를 마쳐야 한다.

먹이를 손에 넣기 위해

나무 표면에서 쭉쭉!

딱딱한 나무 표면을 파고든 입
몸을 고정한 다음, 나무 깊숙한 곳까지 긴 입을 찔러 넣어 수액을 빨아먹는다.

생존을 위한 사투

진화를 거듭한 몸

클로즈업

수컷 매미는 배로 소리를 낸다.

배로 소리를 만든다

매미는 배에 특수한 발음기가 있다. 종류에 따라 발음기의 모양이 달라 우는 소리도 다르다.

몸을 지키기 위해

떨어지는 소변을 주의해야!

매미 소변의 수수께끼

매미는 나무에서 날아오르려 할 때, 곧잘 소변을 본다. 날기 위해 몸을 가볍게 만든다거나 날 때 힘이 들어가 자연스레 소변이 나온다는 등 여러 학설이 있다.

가상배틀 17

양쪽 곤충 모두에게 가장 자신 있는 공격은 소리내기! 치열한 음파 대결에서 접근전으로 전개되는 전투! 먼저 나가떨어지는 건 누구일까?

매미
유지매미 (➡P119)

귀뚜라미
왕귀뚜라미 (➡P57)

VS

파워					
수비력					
스피드					

파워					
수비력					
스피드					

1

귀뚜라미와 매미가 치열한 음파 대결을 벌입니다!

바퀴벌레 의 비밀

끈질기기로는 벌레 중 최강! 3억 년 전부터 모습도 바꾸지 않고 끈질기게 살아남은, 벌레계의 밉상!

 방어

몸속에 미생물을 키우고 있다!

바퀴벌레는 먹은 것을 몸속에 있는 미생물에게 나누어 주고, 그 미생물에게 영양분을 다시 받는다. 이것이 바퀴벌레가 오랫동안 살아남을 수 있었던 비결이다.

 스피드

1초에 1m나 달려가 사사삭, 몸을 숨긴다!

천적을 보면 여섯 개의 다리를 부지런히 움직여, 납작한 몸을 작은 틈 속으로 미끄러뜨려 숨어 버린다.

방어

꼬리 안테나로 천적을 감지한다!

두 개의 짧은 꼬리에는 가느다란 털이 많이 나 있다. 이 꼬리로 미묘한 공기의 움직임을 감지하여 도망갈 기회를 잡는다.

먹바퀴

크기 : 30mm 내외   서식지 : 동아시아

위에서 아래로 날 수가 있다. 적이 밑에서 쫓아오면 적을 향해 달려들어, 적이 깜짝 놀란 사이에 빠른 발로 도망친다.

바퀴목

사사삭, 땅 위를 돌아다니며 어떤 틈새도 쉽게 통과하는 바퀴벌레. 전 세계에 다양한 크기와 모습을 지닌 바퀴벌레가 살고 있다.

거인굴바퀴벌레

세계에서 가장 무거운 바퀴벌레로, 날개는 없다. 새끼를 노리는 적이 나타나면 매우 탄탄한 등으로 집의 입구를 막아 침입하지 못하게 한다. 흙에 커다란 집을 지은 뒤, 가족 단위로 생활한다.

- **크기**: 80mm 내외
- **서식지**: 호주

마다가스카르휘파람바퀴벌레

날개는 없고, 엉덩이를 좌우로 흔들면서 걷는 대형 바퀴벌레다. '슛, 슛!'하는 소리를 내며 적을 위협한다. 해외에서는 애완동물로 인기가 높다.

- **크기**: 70mm 내외
- **서식지**: 마다가스카르 섬

이질바퀴

크기 33mm 내외　**서식지** 전 세계

음식을 먹지 않아도 40일 정도 살아남을 수 있다. 몸보다 긴 더듬이로 냄새를 감지하며 고약한 액체를 뿌리며 공격한다.

바퀴

크기 12mm 내외　**서식지** 전 세계

느긋한 성격으로, 천적이 다가와도 바로 도망가진 않는다. 꽤 오랫동안 인간의 살충제에 노출된 탓에 독에도 내성이 강하다.

일본흰개미 (흰개미과)

크기 6mm 내외　**서식지** 한국, 일본

모습은 개미와 비슷하지만, 바퀴의 일종이다. 늘 쾌적한 장소를 찾아 이동하므로, 똑같은 천적에게 당하는 일은 없다.

생존을 위한 사투

인간의 골치 아픈 적인 바퀴벌레. 놀라운 속도와 끈질긴 생명력으로도 이길 수 없는 적에게는 번식력으로 승부수를 던진다.

살아남기 위해

끈덕진 생존의 비밀은 신경의 숫자!
머리와 배에 신경이 있는 바퀴벌레는 머리가 짓눌려도 일주일 동안은 살 수 있다.

배에도 신경이 있다.

진화를 거듭한 몸

흰개미의 정체
말라죽은 식물을 먹고 사는 흰개미는 개미보다 바퀴벌레에 가까운 생물이다.

농발거미는 바퀴벌레 사냥꾼!

적에게 입은 상처

최대 천적은 농발거미

바퀴벌레에 지지 않는 속도를 지닌 농발거미. 해외 실험에서는 단 하룻밤 동안 한 마리의 농발거미가 20마리 이상의 바퀴벌레를 잡아먹었다고 한다.

가상배틀 18

탄탄한 몸을 지닌 검은몸바구미에게 이질바퀴의 공격이 통할까? 온몸으로 벌이는 박력 넘치는 싸움이 시작된다!

바퀴벌레
이질바퀴 (➡P131)

VS

바구미
검은몸바구미 (➡P169)

- 파워
- 수비력
- 스피드

- 파워
- 수비력
- 스피드

1

위에서 떨어지는 바구미를 바람으로 감지한 바퀴벌레!

높이 뛰는 곤충 랭킹

1위 벼룩

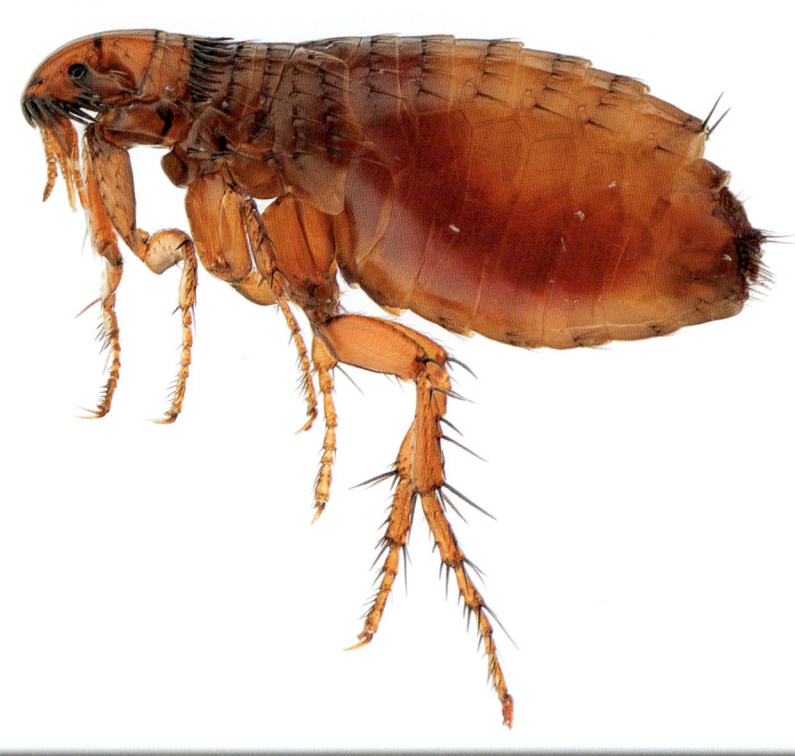

기생할 상대에게 높이 뛰어올라 들러붙는 벼룩은 점프 실력이 뛰어납니다. 모든 생물을 통틀어 가장 좋다고 할 수 있어요. 자기 몸의 약 150배나 되는 높이까지 뛰어오르니까요. 인간에 비유하면 30층 높이의 건물을 점프하는 것과 같아요.

곤충들은 자신을 지키거나 먹이를 잡기 위해 진화해 왔습니다. 그중에서도 점프 실력이 뛰어난 곤충들의 순위를 매겨 봤어요. 몸 크기와 비교하여 어디까지 높이 뛰어오를 수 있는지 한 번 겨뤄 볼까요?

2위 여치

여치에 속하는 꼽등이(➡51)는 성인의 허리 높이까지 뛸 수 있어요. 점프 실력이 너무 좋아서 벽에 부딪혀 죽기도 한다네요.

3위 메뚜기

메뚜기의 점프 실력도 굉장히 좋아요. 성충은 날개가 있어서 상당히 먼 거리까지 도망칠 수 있지요. 단, 점프할 때는 꽤 많은 체력을 쓴다고 하네요.

특별상 이 곤충도 굉장해요!

나비

점프가 아니라 가장 높이 하늘을 나는 건 나비예요. 왕나비는 고도 4,000m까지 날 수 있다고 해요.

숨은 곤충을 찾아보세요!

주변과 색이나 모양이 비슷해 몸을 쉽게 숨기는, 숨바꼭질의 달인인 곤충들.

기생재주나방

끝이 말린 낙엽처럼 보이는 나방의 일종. 인분이 편평한 날개를 입체적으로 보이게 하지요.

가랑잎벌레

대벌레의 일종으로 딱 나뭇잎처럼 생겼어요. 몸도 편평한 데다가 모양도 나뭇잎과 똑같아요.

털매미

벚나무 등의 나무껍질과 굉장히 비슷한 색과 모양이라 멀리서 보면 구분할 수가 없어요.

베짱이붙이

온몸이 아름다운 녹색인 여치의 일종. 적이 다가오면 수풀 속에 가만히 몸을 숨겨요.

수비
타입

대부분의 곤충은 단단한 껍질로
자신의 몸을 보호한다. 또한, 몸의 문양이나
색, 냄새 등 다양한 능력으로 자신을
지키는 곤충도 있다.

나비의 비밀

팔랑팔랑 하늘을 날아다니는 '곤충계의 무용수'.
꽃의 꿀은 때로는 달콤한 덫이 되어 나비를 유혹한다.

 방어

비가 와도 괜찮아! 인분이 젖는 것을 막아 준다!

나비의 몸에는 '인분'이라 불리는 가루 비슷한 것이 묻어 있다. 이 성분에 방수 기능이 있어 물에 젖어도 하늘을 날 수 있다.

 공격

빨대 모양의 입이 뜻밖의 무기?

나방 중에는 이 빨대처럼 생긴 입으로 과일에 구멍을 내거나 사냥감의 피를 빨아먹는 것도 있다.

스피드

지그재그로 날며 적을 속인다!

그다지 멀리 날지는 못하는 나비는 일직선으로 날지 않고 지그재그로 날아다니며 적의 공격을 우아하게 따돌린다.

호랑나비

크기 : 90mm 내외
서식지 : 한국, 일본, 중국

꼬리 모양의 날개가 있다. 몸보다 훨씬 큰 날개를 펼쳐야 하므로 날개 중심에 있는 가슴 근육이 상당히 발달했다.

나비목

아름다운 모습의 나비. 나비에게는 독이 없지만, 나비 애벌레 중에는 독이 있는 가시가 달린 것도 있다.

아그리아스나비

두 종류의 날개 문양을 지닌 것이 특징이다. 밖은 화려하지만, 안은 고목처럼 수수한 색과 문양을 지녔다. 화려한 문양으로 적에게 독이 있다고 속이고, 안의 수수한 문양으로는 몸을 숨긴다. 나는 속도도 꽤 빠르다.

크기 80mm 내외
서식지 남미

표범무늬독나비

밤이면 집단으로 움직이는 나비. 새가 먹으면 반응을 일으키는 독을 방어 무기로 지녔다. 꿀을 빨 때 꽃가루도 침에 녹여 함께 빨 수 있다.

크기 46mm 내외
서식지 미국

노랑쐐기나방 애벌레

온몸에 수많은 가시가 돌출돼 있다. 누군가 이 가시를 건드리면 독액을 뿜어 공격한다. 사람조차도 이 독을 맞으면 온몸에 전기가 감전된 듯한 통증을 느낀다.

크기
25mm 내외

서식지
한국, 일본, 중국

차독나방

독이 있는 나방으로 알에 독이 묻은 털을 묻혀 애벌레를 보호한다. 인간이 차독나방을 만지면, 빨갛게 부어오르면서 굉장히 가려운데, 무려 3주 동안이나 통증이 지속된다. 가렵다고 긁으면 독이 더 퍼진다. 애벌레도 독이 있는 털이 있어 위험하다.

크기
35mm 내외

서식지
한국, 일본 등

생존을 위한 사투

나비와 나방의 날개 크기와 문양, 생활 방식과 몸의 특징을 비교해 보자.

먹이를 손에 넣기 위해

달콤하고 맛있는 꿀

빨대처럼 생긴 입으로 꿀을 빤다. 종류에 따라 좋아하는 맛이 다르다.

몸을 지키기 위해

날개 문양으로 적을 위협한다!

인간의 눈이나 식물 모양과 비슷한 날개 문양으로 천적을 놀라게 한다.

살아남기 위해

이 냄새 나는 뿔로 위협한다!

툭 튀어나온 뿔로 적을 위협한다! 호랑나비 애벌레는 다른 곤충이나 인간이 건드리면, '취각'이라는 고약한 냄새를 뿜어내는 뿔을 불쑥 내밀며 위협한다.

생존을 위한 사투

진화를 거듭한 몸

날개 표면의 털이 변화한다!

나비는 '인분'이 있어 방수가 가능해 비가 와도 젖지 않고 하늘을 날 수 있다. 이 인분이 모여서 만들어 낸 것이 날개의 문양이다.

진화를 거듭한 몸

나비? 나방? 어느 쪽이지?

날개처럼 생긴 더듬이.

끝이 둥근 더듬이.

구분 포인트는 더듬이 모양

나비와 나방은 비슷하게 생겼지만, 나비의 더듬이는 끝이 둥글게 부풀어 있고, 나방의 더듬이는 끝이 뾰족하거나 새의 날개와 비슷하게 생긴 게 많다.

가상배틀 19

세계에서 가장 아름다운 날개를 지닌 모르포나비가 곰매미 눈앞에 나타났다! 과연 곰매미는 모르포나비의 매력에 맞서 승리할 수 있을까?

나비
모르포나비

- 파워
- 수비력
- 스피드

매미
곰매미

- 파워
- 수비력
- 스피드

1

반짝반짝 빛을 내며 날아다니는 나비에게 접근하는 매미!

가상배틀 20

새의 눈 모양을 지닌 날개로 적을 위협하는 변신의 귀재 왕눈이붉은산누에나방. 공벌레도 무사히 속일 수 있을까?

나방
왕눈이붉은산누에나방

VS

공벌레 (→P161)

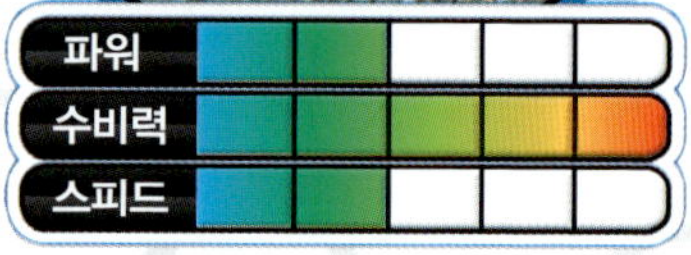

나방		공벌레	
파워	■■■□□	파워	■■□□□
수비력	■■■■□	수비력	■■■■■
스피드	■■□□□	스피드	■□□□□

①

공벌레 앞에 부엉이가 나타났습니다!

노린재의 비밀

위협하며 다가오는 천적을 독가스 공격으로 방어한다!
'곤충계의 최강 화학 병기'.

 공격

독가스로 인간도 위협한다!

가슴 근처에 있는 구멍에서 독가스를 분사해 천적을 공격한다. 몇 번이고 독가스를 뿜으면서 끈질기게 대항한다.

 **공격**

뾰족한 입을 꽂아 빨대처럼 쓴다!

노린재는 입 끝을 잎이나 과일에 찔러넣어 액을 빨아먹는다. 개중에는 다른 벌레나 포유류의 체액을 빨아먹는 노린재도 있다.

 **방어**

죽은 척을 하며 속인다!

노린재는 적에게 쫓겨도 바로 날아가진 않는다. 독가스 공격이 통하지 않으면 죽은 척을 하며 적을 속인다.

풀색노린재

크기 : 16mm 내외   서식지 : 아시아

평화를 사랑하는 풀색노린재는 싸우는 것을 좋아하지 않는다. 적에게 상처를 입히는 것이 아니라, 독가스로 상대가 도망치게 한다.

노린재목

천적이 공격해도 바로 내빼지 않고, 거대한 천적을 상대로 독가스 공격을 퍼부으며 응수한다. 과일 등을 먹고 살지만, 육식성도 있다.

요코즈나침노린재 (일본명)

육식성으로, 싸움도 잘한다. 두툼한 빨대처럼 생긴 입으로 체액을 빨아먹는다. 인간과 싸울 때는 독가스와 빨대 같은 입으로 찌르며 공격을 퍼붓는다. 노린재에게 찔리면 꽤 통증이 오래 간다.

학명 : Agriosphodrus dohrni

크기 24mm 내외
서식지 동남아시아, 동아시아

긴가위뿔노린재

수컷의 몸에는 붉은 가위처럼 생긴 것이 달렸는데, 암컷을 혼자 독차지하는 데 사용한다. 암컷은 마지막에 만난 수컷의 새끼를 낳기 때문에 가능한 한 오래 암컷을 붙잡아 두려고 한다.

크기 19mm 내외
서식지 한국, 일본

붉은 가위처럼 보인다.

알락주둥이노린재

육식성 노린재. 도망칠 때는 굉장히 빠르지만, 먹잇감을 사냥할 때는 상대가 눈치채지 못하도록 천천히 다가간다. 빨대처럼 생긴 입으로 사냥감을 찌른 다음, 사냥감의 체액을 쭉쭉 빨아먹는다.

크기
17mm 내외

서식지
한국, 일본

우리가시허리노린재

어깨가 칼끝처럼 뾰족하게 돌출되어 있다. 이 어깨로 천적을 공격할 수는 없지만, 새 같은 천적이 잡아먹으려고 달려들 때는 몸을 부딪쳐 상대에게 통증을 느끼게 한다. 이 노린재의 어깨에 천적으로부터 자신을 지키는 힘이 있는 셈이다.

크기
12mm 내외

서식지
한국, 일본 등

여기가 뾰족하게 나왔다.

생존을 위한 사투

강렬하면서도 고약한 냄새는 적을 위협할 때뿐만 아니라 동료들과 의사 소통을 할 때도 도움을 준다.

먹이를 손에 넣기 위해

체액을 빨고 있다.

나방의 애벌레

관처럼 생긴 입으로 즙을 빨아먹는다

노린재 중에는 빨대 모양의 입으로 식물이나 나무의 달콤한 즙을 빨아먹는 부류와 애벌레의 체액을 빨아먹는 부류가 있다.

자손을 남기기 위해

자기 몸으로 알들을 지킨다
노린재의 암컷은 알을 낳은 뒤 자신의 몸으로 알을 에워싸 천적으로부터 보호한다.

살아남기 위해

이 부근에서 냄새를 풍긴다.

고약한 냄새는 '위험!'하다는 경고
새나 천적 관계의 다른 곤충이 가까이 다가오면 배에서 고약한 냄새를 풍긴다.

가상 배틀 21

힘 대결로 전투를 벌이다 보면, 어느 순간부터 각 곤충이 지닌 특수 능력 대결로 전투의 성격이 바뀐다. 최후의 순간까지 예측할 수 없는 승부!

노린재
풀색노린재 (➡P153)

무당벌레
칠성무당벌레 (➡P177)

- 파워
- 수비력
- 스피드

- 파워
- 수비력
- 스피드

1 무당벌레가 몸을 부딪치며 공격합니다! 하지만 꿈쩍 않는 노린재!

공벌레의 비밀

어두운 곳을 주거지로 삼는 '벌레계의 청소부'.
사체에 떼로 달려들어 형체도 남기지 않고 다 먹어 치운다.

 방어

탈피를 두 번에 나누어 한다!

탈피할 때는 몸의 반씩, 2회에 나누어 한다. 탈피 중에는 몸이 부드러워져 천적의 위협에 취약해지기 때문에 일부러 반씩 나누어 하는 건지도 모른다.

 방어

좌우로 지그재그로 움직인다!

공벌레는 장애물을 만나면 좌우로 지그재그로 걷는다. 이렇게 순서대로 걸어야 더 멀리 도망칠 수 있어서다.

 방어

단단한 등으로 몸을 지킨다!

공격을 받으면 몸을 둥글게 말아 완전히 숨긴다. 아무리 찔러도 절대로 몸을 펼치지 않는다. 공격이 멈춘 뒤에도 꽤 시간이 지나야 몸을 펴고 움직인다.

공벌레

크기 : 14mm 내외 서식지 : 전 세계

공원에서 자주 발견할 수 있는 공벌레. 낙엽 등을 먹기에, 누군가를 공격하는 일이 없다. 싸움을 싫어하는 벌레다.

등각목

땅에서 쉽게 찾을 수 있는 공벌레지만, 사실 갑각류로 새우나 게에 더 가깝다. 바다 근처에 공벌레의 동료들이 많이 산다.

갯쥐며느리

해변에 사는 공벌레지만 수영은 못한다. 등에 군데군데 녹색이 들어간 문양이 있다. 겁이 많아 위험을 감지하면, 머리와 엉덩이를 서로 맞붙인 뒤 몸을 말아 자신을 보호한다.

크기 20mm 내외

서식지 한국, 일본

바티노무스 기간테우스

해저에 사는 세계에서 가장 큰 공벌레의 일종. 날카로운 이빨로 죽은 고래를 뜯어먹는다. 천적이 나타나면 대부분은 헤엄쳐서 도망치지만, 때로는 몸을 둥글게 말아 자신을 보호한다.

크기 500mm 내외

서식지 심해저

쥐며느리

축축하고 음침한 어두운 곳을 좋아한다. 공벌레처럼 몸을 둥글게 말진 못하지만, 빠르게 달릴 수는 있다. 마치 럭비공처럼 생긴 몸을 지녔다.

크기 10mm 내외

서식지 세계 각지

갯강구

바다에 사는 벌레로 헤엄을 잘 친다. 죽은 물고기를 먹으며 집단으로 먹이를 찾아 돌아다닌다. 이런 움직임이 마치 바퀴벌레와 비슷하다 하여 '바다의 바퀴벌레'라 불린다.

크기 30mm 내외

서식지 세계 각지

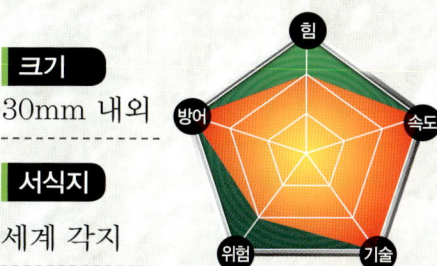

생존을 위한 사투

만지면 움찔하며 몸을 둥글게 마는 공벌레는 몸집은 작지만, 단단한 피부로 몸을 보호하며 살아남았다.

동료와 함께하기 위해

낙엽을 사각사각

똥으로 환경 조성

공벌레가 낙엽이나 벌레의 사체를 먹으며 배출한 똥이 땅을 비옥하게 바꾼다. 벌레들이 생활하기에 좋은 환경을 만들어 주는 셈이다.

몸을 지키기 위해

몸을 둥글게 하여 피해를 막는다!
몸을 둥글게 말기만 해도 머리나 배처럼 중요 부분을 천적에게서 지킬 수 있다.

진화를 거듭한 몸

좌→우로 움직이며 돈다
같은 방향으로 돌면 몸의 균형이 무너지기에 좌→우…로 계속 반복하며 돈다.

가상배틀 20

거미줄을 휙휙 던지며 한 번 노린 사냥감은 절대로 놓치지 않는 여섯뿔가시거미에게 공벌레는 어떻게 대항할까?

공벌레 (→P161) VS 거미 (여섯뿔가시거미)

	공벌레	거미
파워		
수비력		
스피드		

1 거미줄을 빙빙 돌리며 공벌레를 노리는 거미!

바구미의 비밀

길게 나온 입을 과일에 꽂은 뒤 나사를 돌리듯이 몸을 움직여 구멍을 만드는 작은 목수.

 공격

코끼리를 연상케 하는 긴 코는 사실 입이다!

이 긴 입에는 끝에 턱이 달려 있다. 이것을 이용해 과일을 먹거나, 알을 낳기 위한 구멍을 뚫는다.

🛡 방어

단단한 몸은 천하무적!

'외골격'이라 불리는 단단한 몸은 천적에게 물어뜯기거나 독침 공격을 받아도 전혀 타격을 받지 않는다.

⚔ 공격

암컷을 지키기 위해 싸운다!

다른 곤충과는 별로 싸우지 않지만, 자신의 새끼를 낳아줄 암컷을 지키기 위해서라면 긴 입을 이용해 다른 수컷과 치열히 싸운다.

검은몸바구미

크기 : 15mm 내외 서식지 : 일본

강철과도 같은 단단한 몸을 지닌 곤충. 벌침도 튕겨 나갈 만큼 탄탄한 껍질은 천적에게 자신을 보호하는 가장 큰 무기다.

바구미 무리

코끼리 코를 닮은 길게 뻗은 입을 지닌 바구미지만, 개중에는 짧은 입을 지닌 바구미도 있다. 하지만 어떤 종류라도 몸이 단단한 점이 특징이다.

▶ 왕바구미

고목 같은 색을 지닌, 숨는 것이 특기인 바구미다. 굉장히 몸이 단단해, 적에게 공격을 받아도 끄떡없다. 며느리발톱 같은 발로 나무에 딱 달라붙기에 웬만해서는 떼어낼 수 없다.

크기 29mm 내외

서식지 아시아, 호주

▶ 거위벌레 (딱정벌레목 거위벌레과)

긴 목이 거위벌레의 가장 큰 특징이다. 질투심이 많아서 암컷이 다른 수컷에 다가가지 못하도록 늘 지키고 있다. 암컷은 가위처럼 생긴 날카로운 입으로 잎을 잘라 둥글게 만 요람을 만든다.

크기 10mm 내외

서식지 한국, 일본 등

붉은야자나무바구미

굉장히 몸집이 큰 바구미. 커다란 턱으로 야자 열매를 갉아먹고, 나무에 알도 낳는데 이 바람에 나무가 말라죽기도 한다. 수백 미터나 되는 거리를 날아갈 수 있어 여러 나라에서 발견되고 있다.

크기
35mm 내외

서식지
동남아시아, 일본

혹바구미

날지는 못하는 겁이 많은 바구미. 위험이 닥치면 먼저 땅으로 떨어져 잎사귀나 고목에 몸을 숨긴 채 죽은 척한다. 옴짝달싹하지 않기에, 천적들도 쉽게 발견하지 못한다.

크기
15mm 내외

서식지
한국, 일본 등

생존을 위한 사투

곤충 중에서 가장 단단한 몸으로 스스로를 지키며, 특징 중 하나인 코끼리를 연상시키는 긴 코를 사용해 살아가고 있다.

몸을 지키기 위해

딱딱한 껍질로 몸을 보호한다
다른 곤충과 비교했을 때, 마치 몇 겹의 껍질로 감싼 것 같은 딱딱한 몸을 지녔다.

자손을 남기기 위해

나무 열매 속에서 아이를 키우는 바구미
도토리나 밤 속에서 태어난다. 애벌레는 속에 든 과일을 먹으며 자란다.

진화를 거듭한 몸

딱딱한 열매에도 구멍을 뚫을 수 있다!

닿지 않는 곳까지 뻗을 수 있다

코끼리를 닮은 긴 코와 코끝에 달린 입으로 다른 곤충이 먹을 수 없는 꽃이나 나무 열매도 먹을 수 있다.

가상 배틀 23

단단한 몸을 지닌 왕바구미와 뱀처럼 부드럽게 몸을 움직일 수 있는 아마존왕지네. 이 전투는 독니 결투로 결정 난다!

바구미
왕바구미 (➡P170)

지네
아마존왕지네 (➡P222)

VS

파워	
수비력	
스피드	

파워	
수비력	
스피드	

1

지네에게 달려들어 엉덩이로 공격하는 바구미!

무당벌레 의 비밀

날개의 문양과 종류가 곤충 중에서 제일 다양하다. 다양한 문양으로 적을 속이는 모습은 마치 패션모델을 연상시킨다.

 **스피드**

날개와 다리로 재빨리 도망친다!

나는 것도 특기지만, 도망도 잘 친다. 날개도 다리도 사용할 수 없을 때는 죽은 척을 한다.

 **공격**

"맛이 없어요!"라고 적에게 알린다

적에게 잡아먹힐 위기에 처하면 굉장히 맛이 쓴 황색 피를 다리로 흘린 뒤 공격한다. 한 번이라도 이 공격을 받으면, 두 번 다시 무당벌레를 먹을 엄두를 내지 못한다.

공격

날카로운 턱으로 먹잇감을 잡아먹는다!

독니처럼 생긴 큰 턱으로, 진딧물의 체액을 쪽쪽 빨아먹는다. 때로는 진딧물을 통째로 잡아먹기도 한다.

칠성무당벌레

크기 : 9mm 내외   서식지 : 아시아, 유럽, 북아프리카

육식성으로, 진딧물을 굉장히 좋아한다. 가위처럼 생긴 큰 턱으로 진딧물을 먹는다. 진딧물을 지켜 주는 개미 떼에 공격 당해도 꿈쩍도 안 한다.

무당벌레과

무당벌레의 날개는 반질반질해 보이지만, 사실은 작은 털로 덮여 있어서 방수 역할도 한다.

노랑무당벌레

헬멧처럼 생긴 몸을 지닌 아주 작은 무당벌레다. 겁이 많아 천적을 만나면 바로 내빼고 만다. 식물에 핀 곰팡이를 굉장히 좋아해서 죄 먹어 치워 본의 아니게 식물을 다시 회복시켜 주는 의사 선생님이다.

| 크기 | 5mm 내외 |
| 서식지 | 한국, 일본 등 |

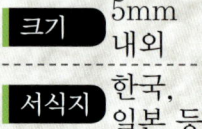

남생이무당벌레

무당벌레 중에서 체격이 가장 크다. 육식성으로 진딧물보다 큰 잎벌레의 애벌레를 커다란 턱을 이용해 잡아먹는다. 천적에게 붙잡히면 고약한 냄새가 풍기는 독이 든 붉은 피를 뿌리며 공격한다.

| 크기 | 12mm 내외 |
| 서식지 | 한국, 일본 등 |

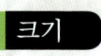

13개의 문양이 있다.

열석점긴다리무당벌레

크기 6mm 내외 **서식지** 한국, 일본

물가에 살며 빠른 발로 도망친다. 적이 가까이 다가오면 다리 뒤쪽에 달린 털에서 풀처럼 생긴 액체를 내뿜는다.

홍점박이무당벌레

크기 7mm 내외 **서식지** 한국, 일본, 중국 등

식물을 병들게 하는 깍지벌레를 퇴치하는 식물의 영웅. 깍지벌레의 단단한 껍질도 손쉽게 구멍을 뽕뽕 내서 잡아먹는다.

십이흰점무당벌레

크기 4mm 내외 **서식지** 아시아, 유럽

주황색 등에 새하얀 물방울 모양이 찍혀 있다. 싸움을 좋아하지 않는 평화주의자. 식물에 들러붙은 진딧물을 먹는다.

생존을 위한 사투

물방울 문양이 귀여운 무당벌레. 종류에 따라 등의 문양이 몇 종류나 있는지 세어 보자.

먹이를 잡기 위해

공격 당해도 먹잇감은 놓치지 않는다
무당벌레의 먹이인 진딧물을 지켜주는 개미의 공격을 받으면서도 먹는 것을 멈추지 않는다.

동료와 함께하기 위해

서로 몸을 붙여 겨울을 난다
추운 겨울에도 살아남기 위해 서로서로 몸을 딱 붙인 채 체온을 유지한다.

진화를 거듭한 몸

등의 문양은 위험 신호

무당벌레의 가장 큰 특징인 등의 문양은 무당벌레를 위협하는 적에게 '나한테 다가오면 위험해!'라고 경고해 주는, 무당벌레의 가장 큰 무기다.

가상 배틀 24

몸집은 작지만 독특한 문양으로 상대를 위협하는 남생이무당벌레. 거대한 장수잠자리를 상대로 남생이무당벌레의 놀라운 반격이 시작된다!

무당벌레
남생이무당벌레 (➡P178)

잠자리
장수잠자리 (➡P99)

VS

파워					
수비력					
스피드					

파워					
수비력					
스피드					

1

날아오르려던 무당벌레를 노리는 잠자리!

비단벌레의 비밀

금속처럼 반짝반짝 빛나는 날개로 적의 접근을 차단한다!
무지개처럼 빛나는 등이 아름답다.

➕ 방어

높은 하늘을 자유자재로 날아다닌다!

비단벌레의 전투력은 그다지 높지 않지만, 나무 꼭대기 등 높은 곳까지 날아오를 수 있기에 천적이 다가오는 것도 쉽게 감지한다.

 **방어**

 **스피드**

아름답게 빛나는 몸은 자신을 지키는 무기!

비단벌레의 천적인 새는 변하는 색에는 꽤 약하다. 그 때문에 비단벌레는 몸이 총천연색으로 빛나게 해 새의 위협에서 벗어난다.

멀리 도망친다

인간에게 잡혀도 파닥거리지 않고 얌전히 있지만, 일단 틈만 생기면 날개를 펴고 멀리 날아가 버린다.

야마토비단벌레
크기 : 40mm 내외 서식지 : 일본

각도에 따라 색이 달라 보이는 아름다운 날개는 인간의 마음을 뺏을 만하다. 액세서리 등으로 사용하기 위해 많이 포획되었다.

비단벌레과

반짝반짝 빛나는 날개를 가진 비단벌레 중에는 수수한 색을 지닌 것도 있다. 물론 이 경우도 천적인 새의 눈에 띄지 않기 위해 입은 보호색 중 하나다.

▶ 청비단벌레

적이 가까이 다가가도 바로 날아오르지 않고, 유유자적 걸어 다닐 만큼 담력이 크다. 이유 없이 다른 벌레를 공격하는 일도 없고, 영역 전쟁도 벌이지 않는 평화를 사랑하는 상냥한 곤충이다.

| 크기 | 28mm 내외 |
| 서식지 | 일본 |

▶ 풀색호리비단벌레

청록색으로 빛나는 날개를 지닌 비단벌레. 몸의 한가운데 검은 무늬가 있다. 인간과 새 같은 천적이 쉽게 활동하기 어려운 한여름 더운 낮에도 계속 돌아다녀 발견하기가 쉽지 않다.

학명 : Coraebus hastanus

| 크기 | 11mm 내외 |
| 서식지 | 일본 |

소나무비단벌레

크기 40mm 내외　**서식지** 한국, 일본, 대만

수수한 색을 지닌 비단벌레로 야마토비단벌레와 비슷한 크기다. 1년 내내 나무 위에서 생활한다. 몸에는 황회색 비늘 조각으로 덮여 있다.

마스다검은별비단벌레(일본명)

크기 13mm 내외　**서식지** 일본

감색의 비눗방울 모양을 한 비단벌레. 날개 밑은 아름다운 푸른색으로 빛난다. 나무 위 같은 높은 곳까지 날아오를 수 있어, 천적에게 쉽게 붙잡히지 않는다.

학명 : Ovalisia vivata

칡꼬마비단벌레(일본명)

크기 4mm 내외　**서식지** 일본

거무스름한 색을 지닌 몸집이 작은 비단벌레. 굉장히 경계가 심해서 위험을 느끼면 식사 중에라도 바로 날아가 도망친다.

학명 : Trachys auricollis

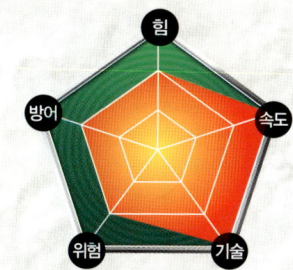

생존을 위한 사투

무지개색으로 빛나는 비단벌레의 몸은 매우 아름답지만, 사실은 새 같은 천적에게 몸을 지키기 위해 진화한 것이다.

성장하기 위해

튼튼한 이빨을 이용해 바깥 세상으로

애벌레는 나무 속에서 2~3년 동안 지내다 성충으로 성장하면 나무를 먹어 치운다.

몸을 지키기 위해

적이 가까이 다가오면 재빨리 몸을 숨긴다

갑자기 움직임을 멈추거나 수풀이 무성한 곳으로 도망쳐 적의 눈에 띄지 않기 위해 노력한다.

진화를 거듭한 몸

반짝반짝 빛을 내 적의 눈을 흐리게 한다!

무지개 빛깔의 몸을 빛내 적을 위협한다

비단벌레의 아름다운 몸은 최대 천적인 새로부터 스스로를 지키는 무기다. 새는 색이 변하는 것을 아주 싫어하기에, 햇빛을 반사해 새의 눈을 부시게 한 뒤 재빨리 도망친다.

가상 배틀 25

반짝반짝 빛나는 야마토비단벌레의 몸도 어두운 곳에서는 빛을 잃는다. 비단벌레를 쫓는 딱정벌레로부터 좁은 구멍 안에서도 도망칠 수 있을까?

비단벌레
야마토비단벌레 (➡P185)

딱정벌레
왕딱정벌레 (➡P41)

1

나무속으로 도망치는 비단벌레를 쫓는 딱정벌레!

뚝심 있는 곤충 랭킹

👑 1위 바구미

단단한 몸을 지닌 곤충 중에서도 가장 단단한 외골격을 지닌 곤충이 검은몸바구미예요. 몸이 얼마나 탄탄한지 표본을 만들 때 핀이 꽂히지 않을 정도였대요. 별생각 없이 공격했다가는, 오히려 공격한 쪽이 되레 피해를 볼 수도 있답니다.

살아남기 위해 필사적인 곤충들은 몸을 지키기 위한 다양한 장기를 갖게 되었어요. 단단한 몸과 빠른 발처럼 살아남는 데 필요한 '뚝심'의 순위를 매겨 보았답니다.

2위 바퀴벌레

바퀴벌레는 그 뛰어난 생명력으로 2위에 올랐어요. 살충제로도 죽지 않을 만큼 진화한 데다가 아주 적은 양의 음식만 먹고도 오래 살아남는, 굉장한 뚝심을 지녔지요.

3위 거미

벌레 중에서도 가장 다리가 빠른 벌레가 바로 농발거미예요. 겁이 많은 성격 탓도 있지만, 적이 가까이 다가오면 곧바로 자취를 감출 만큼 엄청난 스피드를 지녔어요.

특별상 이 곤충도 굉장해요!

흰개미

호주에 사는 흰개미 여왕은 성충이 되고서도 100년 이상 산다고 해요. 장수하는 곤충으로는 세계 1위지요.

괴상한 모습의 벌레

기이한 모습으로 강렬한 인상을 남기는 벌레들! '세계 3대 괴물 벌레'로 불리는 유명하면서도 개성적인 벌레들을 소개합니다.

채찍전갈(미갈목)

크기 25mm 내외 **서식지** 열대 지역

전갈처럼 보이지만, 사실 거미의 일종이에요. 단단한 집게와 긴 꼬리가 특징이지요. 위험을 느끼면 꼬리를 높이 들어 올린 뒤 고약한 쉰내가 풍기는 액체를 내뿜어요.

낙타거미(피일목)

크기 100mm 내외 **서식지** 열대 지역

비즈가 달린 것 같은 눈, 텁수룩한 털이 난 몸, 두툼한 턱. 몸의 3분의 1이 턱으로, 몸 대비 세계에서 가장 큰 턱을 지닌 생물이에요. 사막 위를 빠르게 달리며, 강한 턱으로 먹잇감을 잡아챈답니다.

채찍거미(무편목)

크기 125mm 내외 **서식지** 열대 지역

가늘고 길어 하늘하늘한 두 개의 앞발로 주위를 탐색해요. 좌우에 길게 뻗은 팔처럼 생긴 다리수염 끝은 낫 모양으로 생겼는데, 눈 깜짝할 사이에 먹잇감을 사로잡아 먹지요. 성격은 얌전하면서도 겁이 많은 편이에요.

4 테크닉 타입

곤충 중에는 특이한 능력을
지닌 것이 많다. 먹이를 잡기 위해,
몸을 지키기 위해, 독이나 실, 집단의 힘 등
다양한 무기로 싸우고 있다.

거미의 비밀

먹이를 잡으면 가위처럼 생긴 날카로운 독니로 먹이를 찌른 뒤, 독을 흘려 넣어 마비시킨다.

 **공격**

실을 사용해 먹이를 잡는다!

이 실은 끈적끈적해서 한 번 몸에 붙으면 버둥거릴수록 더욱 들러붙는 성질이 있다. 강도 또한 좋아 한 번 잡히면 도망치기 어렵다.

 **스피드**

도망치는 속도도 빠르다!

적을 발견하면 짧은 거리를 맹렬한 속도로 질주하여 은신처로 몸을 숨긴다.

 **공격**

거미가 얼마나 강한지 증명하는 독니!

사냥감을 잡으면 두 개의 거대한 독니로 움직이지 못하게 한다. 이렇게 붙잡힌 사냥감은 그대로 거미의 먹이가 된다.

무당거미

크기 : 300mm 내외 서식지 : 한국, 일본, 중국, 대만

쉽게 사냥하기 위해, 망의 간격이 촘촘한 커다란 거미줄을 만든다. 사냥감이 걸리면 독으로 마비시킨 뒤 실로 휘휘 감아 잘 싸둔다.

거미목

실을 뽑아 집을 만드는 거미가 주로 알려졌지만, 땅에 집을 짓는 거미와 집 없이 돌아다니는 거미도 있다.

땅거미

크기 26mm 내외

서식지 일본

땅속에 좁고 긴 자루 같은 집을 짓는다. 입구는 지면과 연결되어 있어 사냥감이 다가오면 집에서 틈을 엿보며 기다리다가 휙 달려들어 공격한다. 사냥감을 입에 문 채로 갈갈이 찢으며 집으로 끌고 들어간다.

애어리염낭거미

크기 12mm 내외

서식지 한국, 일본, 중국

황금색의 작은 체구의 거미. 하지만 이 거미에게 손을 물리면 머리카락이 쭈뼛 설 정도로 끔찍한 통증을 느낀다. 잎을 둥글게 말아 집을 짓고 알을 낳는데, 이 아기 거미들은 엄마 거미를 잡아먹으면서 성장한다.

농발거미

- **크기** 130mm 내외
- **서식지** 전 세계

바퀴벌레를 잡아먹는다. 집을 짓지 않고 사냥감을 찾아 이동하는 거미다. 위험을 느끼면 굉장히 빨리 도망치는데, 눈 깜짝할 사이에 모습을 감춘다.

타란툴라늑대거미

- **크기** 30mm 내외
- **서식지** 전 세계

보송보송한 털로 뒤덮인 거미. 적이 나타나면 배의 털을 날리며 공격한다. 털이 닿으면 가렵다.

물거미

- **크기** 15mm 내외
- **서식지** 동북 아시아, 북유럽

물에서 생활하는 거미. 물속에 비눗방울처럼 생긴 둥근 집을 짓는다. 잡은 먹이는 집까지 끌고 들어와 먹는다.

생존을 위한 사투

여덟 개의 긴 다리와 치명적인 모습이 특징이 거미. 실로 먹이를 잡는 거미와 땅에서 먹이를 공격하는 거미 등이 있다.

먹이를 손에 넣기 위해

지면과 연결된 땅거미의 집.

땅에도 집을 짓는다
땅거미는 먹잇감이 집 근처로 다가오면 자루 모양의 집에서 확 튀어나와 먹잇감을 문 뒤 안으로 끌고 들어간다.

영역을 지키기 위해

환경에 따라 집의 모양도 변한다
둥근 모양과 삼각형 모양 등 거미 종류에 따라 집의 모양도 다양하다.

먹이를 잡기 위해

씨실과 날실로 먹잇감을 잡을 수 있다

집에는 건드려도 끈적끈적하지 않은 날실과 엄청나게 끈적거리는 씨실이 있다. 거미는 날실을 이용해 씨실에 걸린 먹잇감에 다가간다.

생존을 위한 사투

진화를 거듭한 몸

이 이빨에서 독액이······.

강력한 독니로 독을 주입한다
거미는 천적이 나타나면 상대를 문 다음 강력한 독을 상대의 몸에 주입한다. 거미의 독은 몸을 마비시킬 뿐만 아니라 통증도 느끼게 하는데, 독에 중독된 천적은 꼼짝할 수 없다.

먹이를 잡기 위해

파리

먹잇감을 발견하면 엄청난 속도로 쫓는다

거미 중에는 실을 이용해 집을 짓지 않고, 굉장히 빠른 속도로 땅 위를 돌아다니며 먹잇감을 쫓다가 잡는 종류도 있다.

가상배틀 26

무당거미의 거미줄에 걸린 롱기마누스앞장다리하늘소는 어떻게 대처할까? 절체절명의 위기에서 상황도 급변한다!

거미
무당거미 (➡P197)

하늘소
롱기마누스앞장다리하늘소

VS

- 파워
- 수비력
- 스피드

- 파워
- 수비력
- 스피드

1

거미줄에 걸려 빠져나오려고 몸부림치는 하늘소……

가상배틀 27

공격 타입이 다른 두 벌레의 대결은 일진일퇴! 서로 공격할 기회를 노리는 동안, 누군가 한눈을 팔고 마는데!

타란툴라
골리앗 버드이터

장수풍뎅이
엘레파스코끼리장수풍뎅이 (➡P13)

VS

| 파워 |
| 수비력 |
| 스피드 |

| 파워 |
| 수비력 |
| 스피드 |

1 공격할 기회를 노리고 있는 타란툴라와 장수풍뎅이!

개미 의 비밀

먹이를 발견하면 혼자 독차지하지 않고, 동료에게 알리는, 굉장히 성실한 '곤충계의 군인들'.

공격

모두 힘을 합쳐 적을 물리친다!

대부분의 개미는 단체로 힘을 합쳐 적과 싸우지만, 개중에는 혼자서 싸우는 개미도 있다. 집단으로 천적을 상대하면 이기는 건 식은 죽 먹기다.

일본왕개미
크기 : 12mm 내외   서식지 : 한국, 일본, 아시아

한국과 일본에 사는 개미 중 가장 크다. 커다란 턱으로 사냥감을 쓰러뜨린 뒤, 독이 있는 오줌으로 죽여서 개미집으로 데리고 온다.

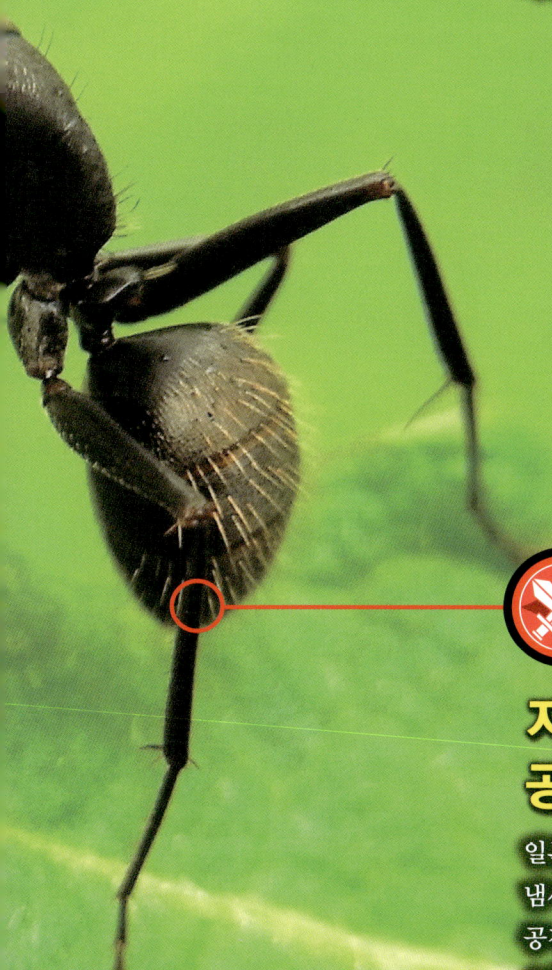

 방어

복잡한 개미집을 만들어 살아남는다!

주로 땅에 개미집을 짓는다. 이 중에는 복잡한 구조로 이루어진 것도 있는데, 먹잇감을 보관하는 곳과 새끼 개미를 키우는 곳도 있다.

 공격

지독한 소변으로 공격!

일본왕개미는 '의산'이라는 시큼한 냄새를 풍기는 오줌으로 적을 공격한다. 때로는 떼로 달려들어 오줌을 뿌리며 적을 공격하기도 한다.

개미과

집을 짓는 개미와 열을 맞추어 움직이는 개미 등이 있다. 개미 대부분은 여왕개미를 지키기 위해 싸운다.

군대개미

크기 30mm 내외 **서식지** 남미

눈이 보이지 않아서, 적과 싸울 때는 더듬이와 냄새를 감지하여 공격한다. 사냥감 한 마리에 300마리 이상의 군대개미가 달려든다. 개미에게 붙잡힌 사냥감은 산 채로는 개미집을 벗어날 수 없다.

총알개미

크기 30mm 내외 **서식지** 남미

엉덩이에 독침이 있는데, 개미와 벌 중에 가장 강력한 독을 지녔다. 날카로운 턱으로 사냥감을 붙잡은 뒤, 엉덩이에 달린 독침으로 숨통을 끊는다. 이 개미에게 쏘이면, 총에 맞은 것 같은 끔찍한 통증이 종일 이어진다.

가시개미

크기 19mm 내외　**서식지** 한국, 일본 등

등에 날카로운 가시가 달렸다. 여왕개미는 다른 개미의 냄새를 몸에 묻힌 채 위장하여 다른 개미의 집을 빼앗는다.

분개미

크기 9mm 내외　**서식지** 한국, 일본, 유럽

낫처럼 생긴 튼튼한 턱이 특징이다. 다른 개미의 집을 빼앗아 노예로 삼기에, 아무것도 하지 않고 먹이를 계속 공급받을 수 있다.

그물등개미

크기 3mm 내외　**서식지** 한국, 일본 등

적의 공격을 받으면 알이나 번데기를 개미집에서 꺼내 이사를 한다. 여왕개미가 없는 개미다.

생존을 위한 사투

몸은 아주 작지만, 집단의 힘으로 몇 배나 큰 적을 쓰러뜨리는 무시무시한 힘을 가진 존재.

진화를 거듭한 몸

달콤하고 맛있는 꿀!

몸에 꿀을 축적하는 특이한 개미

꿀단지개미는 몸에 꿀을 저장한다. 배가 고픈 동료가 있으면 입으로 자신의 꿀을 나누어 주는 착한 개미다.

먹이를 잡기 위해

커다란 먹이를 힘을 모아 사냥한다!

힘을 합하면 무서울 것이 없다
사냥감을 발견하자마자 단체로 에워싸 일제히 물어뜯는다.

동료와 함께하기 위해

페로몬을 따라 걷는다
앞서간 개미가 내뿜은 페로몬을 따라 줄을 맞추어 이동한다.

생존을 위한 사투

동료와 함께하기 위해

여왕개미

개미집은 거대한 사회

수많은 개미가 여왕개미를 중심으로 사냥하거나 어린 개미를 돌보거나, 역할을 분담하여 협력하며 살고 있다.

먹이를 잡기 위해

잎으로 집을 만든다

제 몸보다 몇 배나 무거운 것도 옮기는 괴력!

곤충 중에서도 몸집이 작은 개미지만, 자기 체중보다 수십 배 더 나가는 사냥감을 들어 올려 집으로 가져갈 만큼 무시무시한 힘을 지녔다.

필살기를 활용하는 일본왕개미에게 시달리는 인내의 참진드기! 승리의 여신은 과연 누구의 손을 들어 줄까?

개미
일본왕개미 (➡P208)

- 파워
- 수비력
- 스피드

진드기
참진드기 (➡P232)

- 파워
- 수비력
- 스피드

1

잎 위에서 먹잇감을 기다리는 진드기를 눈치챈 개미!

가상배틀 29

한 마리로는 비록 보잘것없는 존재지만, 동료들과 힘을 합치면 무시무시한 괴력을 발휘하는 푸른베짜기개미. 자기보다 수십 배나 큰 왕오색나비에게는 어떻게 대항할까?

개미
푸른베짜기개미

나비
왕오색나비

VS

개미		나비	
파워	■■■■■	파워	■■■■□
수비력	■■■□□	수비력	■■■■□
스피드	■■■■□	스피드	■■■■■

1

잎으로 집을 만드는 개미 앞에 나비가 나타났습니다!

지네의 비밀

뱀처럼 움직이면서 수많은 다리로 먹잇감의 숨통을 꽉 틀어막는 숲의 몬스터!

공격

독이 있는 •악각으로 상대를 옴짝달싹 못 하게 한다!

커다란 턱으로 상대를 물어뜯는다. 그 사이 상대의 몸에 흘러들어 간 독이 상대를 쓰러뜨린다.

●악각 : 절지동물 갑각류의 입 뒤쪽에 구기(口器)의 일부로서 발달한 기관.

 **공격**

 **스피드**

사냥감의 뒤에서 덮친다!

수많은 다리로 사냥감을 휘감은 뒤, 숨통을 꽉 조인다. 집게처럼 생긴 악각으로 물어뜯은 뒤 숨통을 끊는다.

부드러운 몸으로 사냥감을 죽인다!

길면서도 어느 방향에서든 부드럽게 휘어지는 몸을 지녔기에 사냥감이 뒤로 도망쳐도 금방 쫓을 수 있다.

| 왕지네

크기 : 130mm 내외   서식지 : 한국, 일본

한국과 일본에서 가장 큰 지네다. 불꽃처럼 생긴 붉은 머리와 다리를 지녔다. 독이 센 편이라 지네에게 물리면 사람도 현기증을 느낄 수 있다.

지네류·그리마

지네의 독은 센 편이라 뱀조차도 쉽게 죽일 수 있다. 때로는 사람에게 치명상을 입히기도 하므로 함부로 만지면 안 된다.

그리마 (그리마과)

크기 25mm 내외

서식지 전 세계

긴 더듬이와 다리를 지녔으며, 굉장히 빠른 속도로 사냥한다. 적이 다가오면 다리를 스스로 끊는데, 이렇게 몸에서 떨어져 나간 다리가 스스로 움직이는 것을 보고 적이 놀란 사이에 재빨리 도망친다. 다리가 잘린 곳에선 다시 다리가 자란다. 독이 있는 악각으로 먹잇감을 잡는다.

아마존왕지네 (왕지네과)

세계에서 가장 큰 지네. 싸움에 능하며 가까이 다가가면 바로 공격한다. 싸울 때는 몸을 반 정도 일으켜 세운 채 위협한다. 강한 독으로 자신의 몸보다 큰 쥐도 잡아먹는다.

크기 300mm 내외

서식지 남미

마디지네 (돌지네과, 일본명) 학명 : Monotarsobius sp

- 크기: 25mm 내외
- 서식지: 일본

주로 낙엽이나 나무껍질 속에서 사는 지네. 적자색의 몸과 15쌍의 다리가 특징이다. 다른 지네보다 다리 수가 적고 몸도 작지만, 경쾌한 움직임으로 곤충이나 지렁이를 잡아먹는다.

일본왕지네 (왕지네과)

남색 몸에 오렌지 색 다리를 지닌 지네. 햇볕을 좋아하지 않아, 밤이 되어야 활동을 시작한다. 귀뚜라미나 거미 등을 독이 있는 악각으로 잡아먹는다. 종종 주택에 침입하기도 한다.

- 크기: 100mm 내외
- 서식지: 일본

생존을 위한 사투

수십 개의 다리 덕분에 땅에서도 굉장히 싸움을 잘한다. 적과 마주치면 온몸을 돌돌 만 뒤, 독을 뿌린다.

몸을 지키기 위해

몸을 둥글게 말아 수비한다
적을 발견하자마자 제 몸을 지키기 위해 몸을 둥글게 만다.

먹이를 잡기 위해

강력한 독으로 사냥감의 숨통을 끊는다!
턱에 있는 '독선'에서 사냥감의 몸으로 독을 주입해 목숨을 빼앗는다!

먹이를 잡기 위해

거미를 먹고 있는 지네

벌레와 작은 동물을 먹는 육식 벌레
성격이 난폭한 데다 일단 한번 잡으면 결코 사냥감을 놓치지 않는다. 지네는 벌레 외에도 쥐 같은 작은 동물도 한 마리 통째로 먹을 만큼 가공할 식욕을 지닌 육식 벌레다.

가상배틀 30

일본에서 가장 큰 벌레들의 박력 넘치는 전투! 야에야마왕바퀴의 재빠른 공격에 왕지네가 응수한다!

지네
왕지네 (➡P221)

바퀴벌레
야에야마왕바퀴

VS

파워	
수비력	
스피드	

파워	
수비력	
스피드	

1

맹렬한 스피드로 지네에게 다가가는 바퀴벌레!

가상배틀 31

꽤 오랜 시간 서로를 견제하지만, 전투는 순식간에 벌어진다. 둘 다 상처를 입어도, 최후의 승자는 마지막 공격으로 정해지는 법!

그리마
왕그리마

벌
타란툴라 호크 (➡P80)

VS

파워	
수비력	
스피드	

파워	
수비력	
스피드	

1

그리마와 대치 중인 벌!

벼룩·진드기의 비밀

잡으려고 하면 팡팡 뛰어오르며 도망치지만,
인간과 동물에 기생하는 벌레!

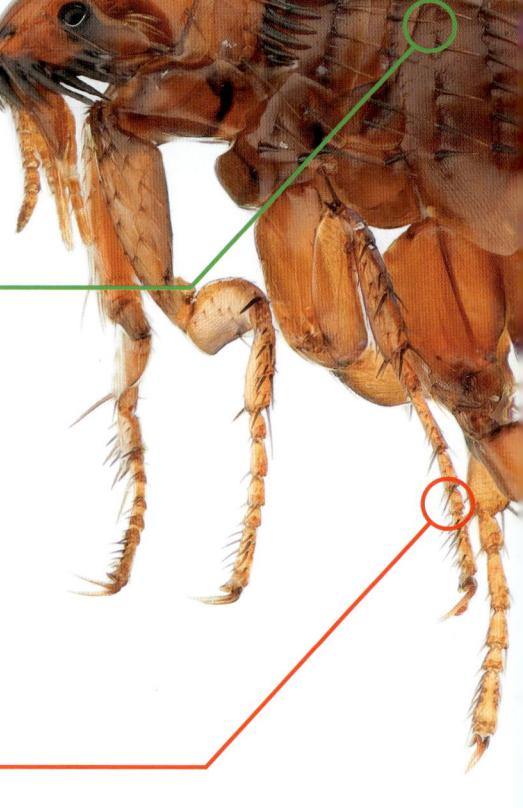

 스피드

피를 빤 뒤에 도망친다

피를 다 빤 뒤에는 편평한 몸으로 동물의 털 사이로 이동하여 새로 피 뽑을 곳을 찾는다. 워낙 작은 데다가 조금씩 움직이기에 잡기는 쉽지 않다.

 공격

높이 뛰어올라 먹잇감을 잡는다!

몸의 약 150배까지 뛰어오를 수 있다. 먹잇감을 발견하면 강한 뒷다리로 땅을 박차고 뛰어올라 먹잇감에게 달려든다.

몸의 특징을 살려 털에 딱 달라붙는다!

기생할 상대의 털 사이를 자유자재로 움직이기에 편한 유선형의 몸을 지녔다. 숙주가 몸을 흔들어도 떨어지지 않도록 다리도 진화했다.

사람벼룩

크기 : 3mm 내외
서식지 : 전 세계

인간과 동물 등의 피를 빤다. 벼룩에게 물리면 가렵고 붉은 발진이 생긴다. 모포나 다다미 등 다양한 장소에서 살고 있다.

벼룩·진드기류

몸집이 작은 벼룩을 찾는 것은 굉장히 어렵다. 하지만 전 세계 주택과 숲 속 등 다양한 곳에서 몸을 숨기며 살고 있다.

개벼룩

개뿐만 아니라, 고양이나 인간도 습격한다. 엄청난 먹보라, 자기 체중의 10배나 되는 피를 흡입한다. 개벼룩에게 물리면 피부가 가려운 것은 물론, 피가 부족해 '빈혈'이 생길 때도 있다.

- **크기** 2mm 내외
- **서식지** 전 세계

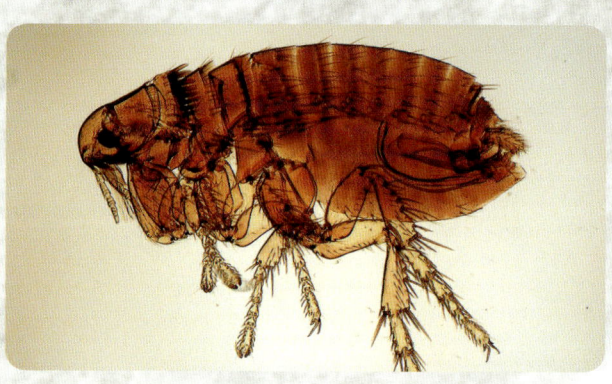

참진드기

숲에 사는 진드기로 동물의 피를 흡입한다. 피를 빨 때 병균도 같이 빨아들여, 다른 인간과 동물에게 병을 옮기기도 한다. 피를 다 빤 뒤에는 바로 도망치므로, 진드기에 물렸다는 것을 모를 때가 많다.

- **크기** 4mm 내외
- **서식지** 전 세계

이

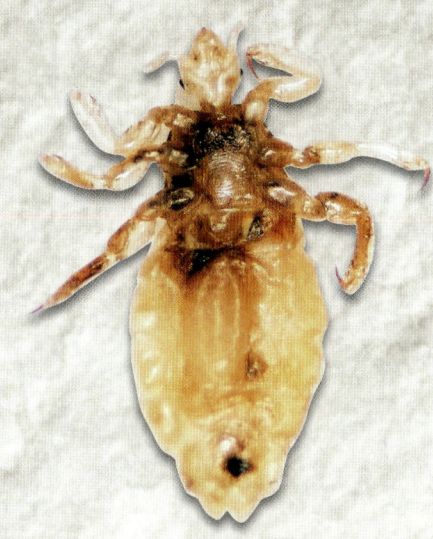

인간의 피를 빨려고 양복이나 속옷에 붙어 산다. 평소에는 온몸이 회색이지만, 뾰족한 입으로 피를 빤 뒤에는 붉은색으로 바뀐다. 강한 다리 덕에 어디든 쉽게 매달릴 수 있다.

크기
4mm 내외

서식지
전 세계

쯔쯔가무시

애벌레일 때 인간과 동물의 피를 빤다. 독이 있는 쯔쯔가무시에게 물리면, 38도 이상의 고열과 붉은 발진이 생긴다. 심한 경우엔 생명을 잃기도 한다.

크기
0.2mm 내외

서식지
전 세계

생존을 위한 사투

숙주에 기생하며 동물 등의 몸에 달라붙어 사는 벼룩과 진드기. 한번 들러붙으면 절대로 떨어지지 않는 찰거머리 벌레.

진화를 거듭한 몸

발달한 뒷다리로 이동!
뒷다리로 약 20cm(몸길이의 약 150배)나 점프를 할 수 있다.

점프는 잘하지만, 착지는 못한다.

성장하기 위해

동물의 피를 며칠 동안 흡입한다
개나 고양이 같은 동물의 피를 며칠 동안 흡입하며 성장한다.

살아남기 위해

기생할 곳을 정한 뒤 한평생을 보낸다
벼룩에게는 동물의 피가 먹이라. 한번 기생한 동물에게서 결코 떨어지는 법이 없이 일평생 들러붙어 산다. 사람의 집이나 몸에 기생하기도 한다.

가상배틀 32

몸집이 작은 벌레 간의 싸움도 타격전으로 펼쳐질 때가 많다. 결코 포기하지 않는 강인한 마음이 형세를 뒤집어 놓을 수 있다!

벼룩
사람벼룩 (➡P231)

메뚜기
좁쌀메뚜기 (➡P93)

- 파워
- 수비력
- 스피드

1

공중에서 대치 중인 벼룩과 메뚜기!

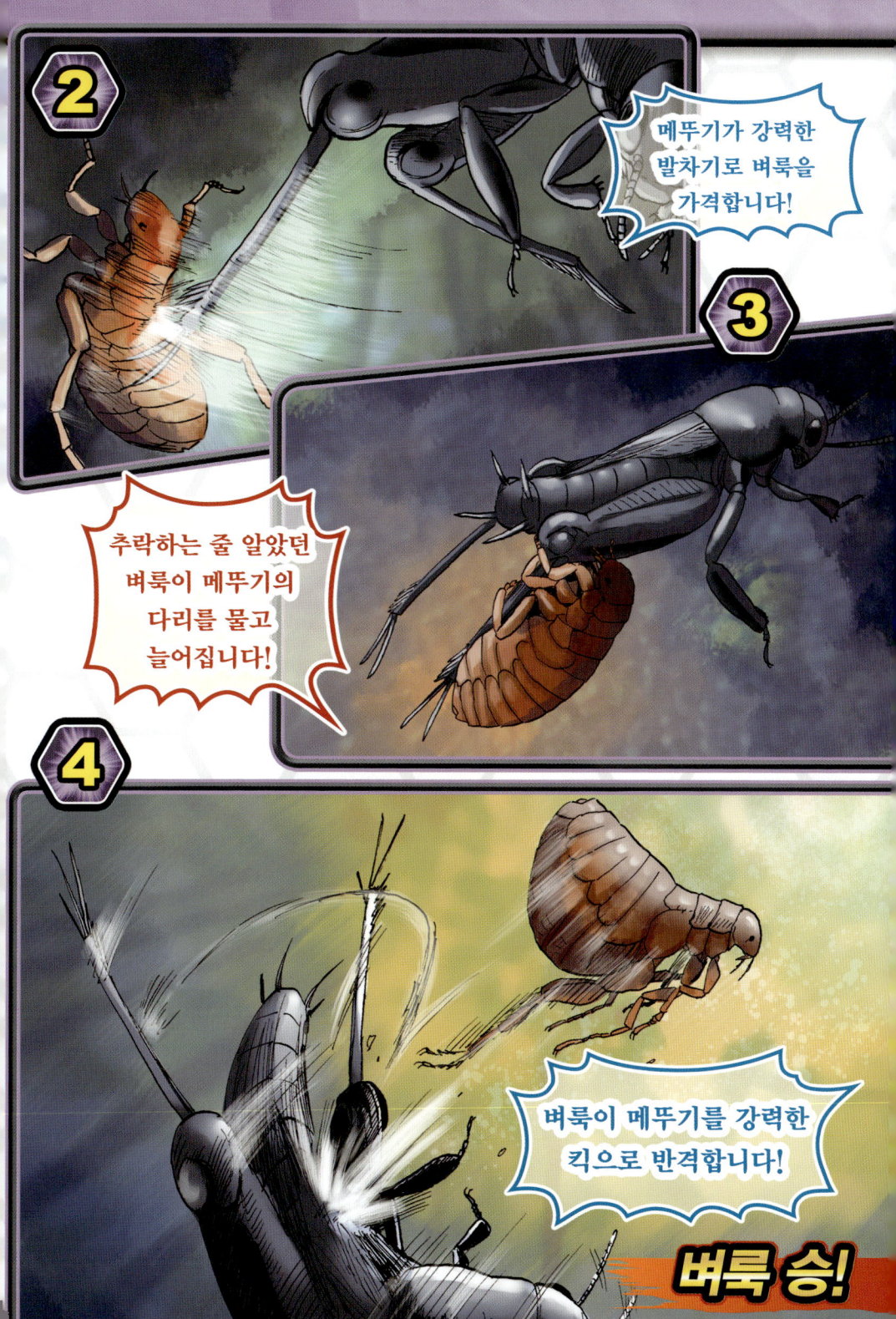

모기의 비밀

인간의 피를 빨아먹고 병을 옮긴다. 낮에도 밤에도, 어디서든지 인간을 습격하는 위험한 적!

3분 동안 승부를 결정한다!

모기는 2분 동안 배불리 피를 빤 다음, 재빨리 내뺀다. 가려움을 느끼는 3분 뒤에는 이미 모기는 도망치고 없다.

일곱 개의 빨대 침으로 피를 빤다!

톱 같은 두 개의 침과 칼처럼 생긴 두 개의 침 등, 모두 일곱 개의 침으로 자신의 체중과 거의 비슷한 양의 피를 흡입한다.

스피드

인간의 움직임을 꿰뚫는다!

'복안'이라는 눈을 지닌 모기는 슬로 모션으로 동작을 포착할 수 있어, 상대의 공격도 유연하게 피할 수 있다.

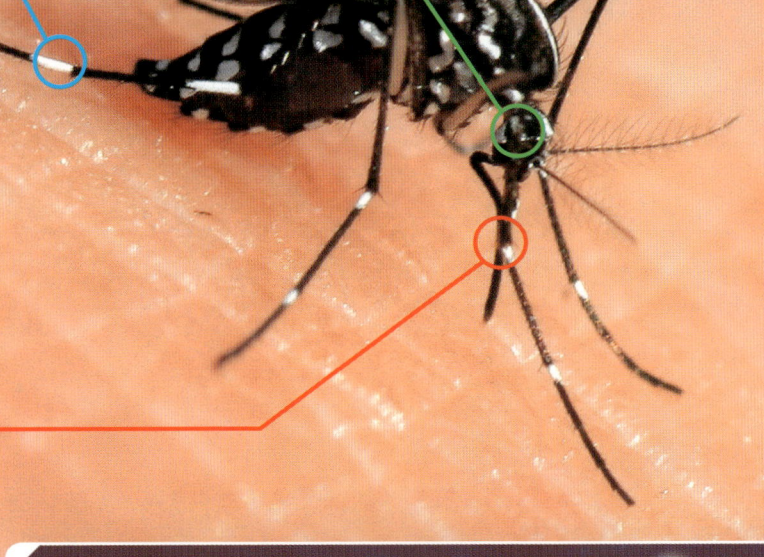

흰줄숲모기

크기 : 4.5mm 내외   서식지 : 한국, 일본

숲모기의 일종으로, 사람이 이 모기에 물리면 '뎅기열'이라는 두통과 발열 등의 증상을 보이는 병에 걸린다.

모기 무리

모든 모기가 인간과 동물의 피를 노린다. 살아 있는 동물이 숨을 쉴 때 내뱉는 냄새를 맡으면 "위잉~" 하고 울며 가까이 다가와 피를 빤다.

깔따구 (깔따구과)

모기라는 이름은 붙었지만, 사실은 파리의 일종이다. 인간의 피는 빨지 않지만, 주택에 침입하여 서식하다가 죽는다. 깔따구의 사체가 피부에 자극을 줘 알레르기를 일으키기도 한다.

크기	5mm 내외
서식지	한국, 일본 등

학질모기

크기	6mm 내외	서식지	세계 각지

인간과 동물의 피를 빨 때 '말라리아'라는 아주 작은 벌레를 심는다. 이 벌레가 몸에 들어오면 피를 파괴하고 몇 날 며칠 고열에 시달린다. 때로는 사망에 이르기도 하는 무서운 질병이다.

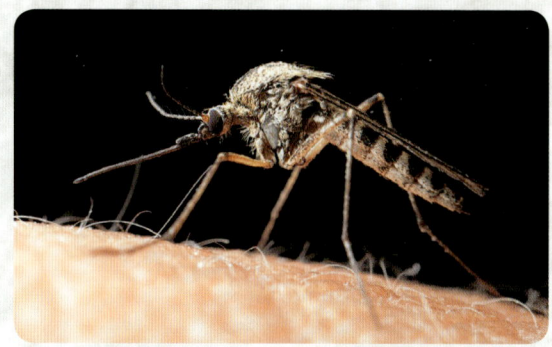

붉은집모기

크기 5.5mm 내외　**서식지** 한국, 일본 등

인간과 새의 피를 빨아먹는다. 낮에는 몸을 숨겼다가 밤만 되면 나타나 인간을 습격한다. '서나일열'이라는 병을 옮기는 모기다.

장구벌레

크기 5mm 내외　**서식지** 전 세계

모기의 애벌레로 물에 산다. 낙엽과 죽은 벌레 등을 먹지만 때로는 같은 모기 애벌레를 잡아먹을 때도 있다.

각다귀(각다귀과)

크기 18mm 내외　**서식지** 한국, 일본

마치 모기를 확대한 듯한 모습이지만, 각다귀는 파리의 일종이다. 피는 빨지 않으며, 꽃의 꿀을 먹고 산다.

생존을 위한 사투

인간의 체온이나 피부에서 풍기는 땀냄새를 감지하고 다가온다. 눈 깜짝할 사이에 접근해 피부를 찔러 피를 빤다.

적에게 입은 충격

약한 몸이 가장 큰 약점

굉장히 다리가 가는 데다 충격에 약한 몸을 지녀, 인간에게 한 번 맞기만 해도 죽고 만다.

성장하기 위해

온몸의 힘을 사용해 수면 위로

모기 애벌레는 물 위에 뜬 듯한 모습으로 우화해 성충이 된다.

피를 흠뻑 빨아 배가 빵빵!

먹이를 손에 넣기 위해

동물의 피는 가장 좋은 양분!

원래는 꽃의 꿀 같은 식물의 즙을 주식으로 삼지만, 암컷은 건강한 알을 낳기 위해 동물의 피를 빨아 영양분을 보충한다.

몸집은 옐로우펫테일스콜피온이 압도적으로 유리하다. 과연 학질모기가 공격할 찬스는 올 수 있을까?

모기
학질모기 (➡P240)

- 파워
- 수비력
- 스피드

VS

전갈
옐로우펫테일스콜피온 (➡P249)

- 파워
- 수비력
- 스피드

1

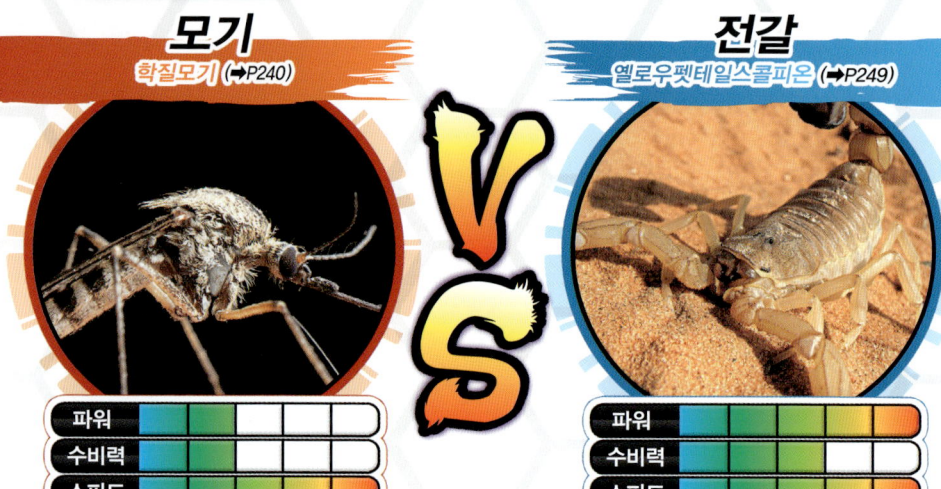

모기를 잡으려고 집게발을 휘두르는 전갈!

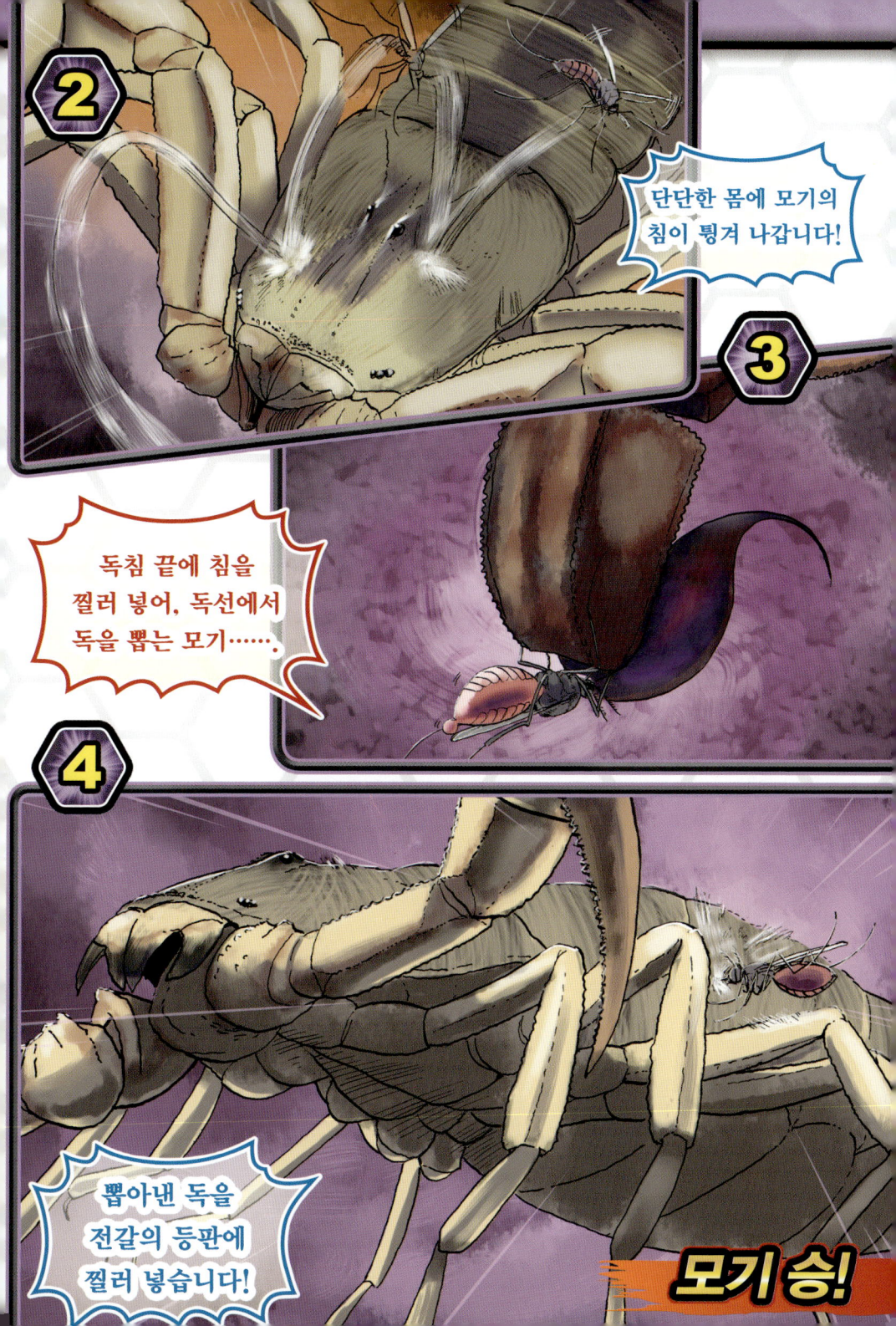

전갈의 비밀

꼬리 끝에서 물방울처럼 투명한 독을 뿌리는 위험한 벌레!

 공격

두 개의 집게로 놓치지 않는다!

먹잇감을 발견하면 놀라운 속도로 달려가 두 개의 집게로 옴짝달싹 못 하게 붙잡는다. 먹잇감은 도망치려고 발버둥 치다가 결국엔 잡아먹힌다.

 공격

틈을 노려 독을 뿌린다!

적에게 꼬리 끝에 달린 독침을 흔들다가, 목표 지점을 정한 뒤 정확히 찌른다. 대부분의 벌레는 찔리기만 해도 죽는다.

스피드

넓은 광야를 누빈다!

위험이 닥치면 여덟 개의 다리로 재빨리 질주한다. 눈 깜짝할 사이에 모습을 감출 만큼 빠르다.

데스스토커

크기 : 500mm 내외
서식지 : 아프리카

집게보다 두꺼운 꼬리를 지닌 전갈. 난폭한 데다가 기척을 느끼면 독침을 흔들면서 잡을 때까지 쫓아온다.

전갈 무리

전갈마다 독의 강도도 다르다. 먹잇감을 잡기 어려운 곳에 사는 전갈의 독은 세지만, 먹잇감이 풍부한 곳에 사는 전갈의 독은 약하다.

레서브라운전갈

크기 60mm 내외 **서식지** 일본

오키나와 등지에서 발견할 수 있는 전갈로, 주택에 침입하는 경우도 있다. 아주 약한 독을 지녔으며 작은 벌레를 먹이로 삼는다. 나무와 비슷한 모습이라, 위험이 닥치면 나무인 척하며 몸을 숨긴다.

학명:Isometrus maculatus

채찍전갈(미갈목)

전갈과 비슷하게 생긴 거미의 일종으로 독침은 없다. 그다지 민첩한 편이 아니라, 적이 나타나면 독가스를 내뿜어 공격한다. 사람도 독가스를 맞으면 통증을 느낀다.

크기 25mm 내외
서식지 전 세계

옐로우펫테일스콜피온

크기 100mm 내외 **서식지** 북아프리카

울룩불룩한 몸을 한 전갈. 강력한 독을 지녔으며, 전갈에 쏘이면 숨을 못 쉴 때도 있다.

보르네오롱블랙포레스트스콜피온

크기 130mm 내외 **서식지** 동남아시아

호전적인 성격이라 근처를 지나가기만 해도 위협하거나 공격한다. 큼지막한 집게발과 인간에게도 효과가 있는 강력한 독을 지녔다.

황제전갈

크기 300mm 내외 **서식지** 아프리카

두툼한 집게발로 먹잇감을 잡은 뒤, 산 채로 작은 가위 같은 입으로 잘라 먹는다.

생존을 위한 사투

다른 벌레를 두 동강이 낼 만큼 강력한 집게발과 꼬리에 달린 독침으로 어떤 적도 쓰러뜨린다!

먹이를 잡기 위해

집게발과 독침으로 적을 쓰러뜨린다!

두 개의 집게발과 어떤 상대도 해치우는 독침을 사용해 적과 먹이의 숨통을 끊는다. 종류에 따라 인간까지 죽일 수 있는 독을 가진 전갈도 있다.

자손을 남기기 위해

수컷과 암컷의 구애 댄스
마음에 드는 암컷이 있으면 수컷은 춤을 추면서 가까이 다가간다.

성장하기 위해

탈피를 하면서 성장한다

어린 시절의 껍질을 벗는다
몸이 커질 때마다 2~3년 주기로 탈피를 반복한다.

먼저 싸움을 건 쪽은 복서사마귀. 겉보기엔 약해 보이는 데스스토커가 필살기로 복서사마귀에게 맞설 수 있을까?

전갈
데스스토커 (➡P247)

사마귀
복서사마귀 (➡P35)

VS

파워	
수비력	
스피드	

파워	
수비력	
스피드	

① 바위 그늘에서 쉬던 전갈에게 화려한 어깨 문양을 보이며 위협하는 사마귀!

위험한 곤충 랭킹

1위 모기

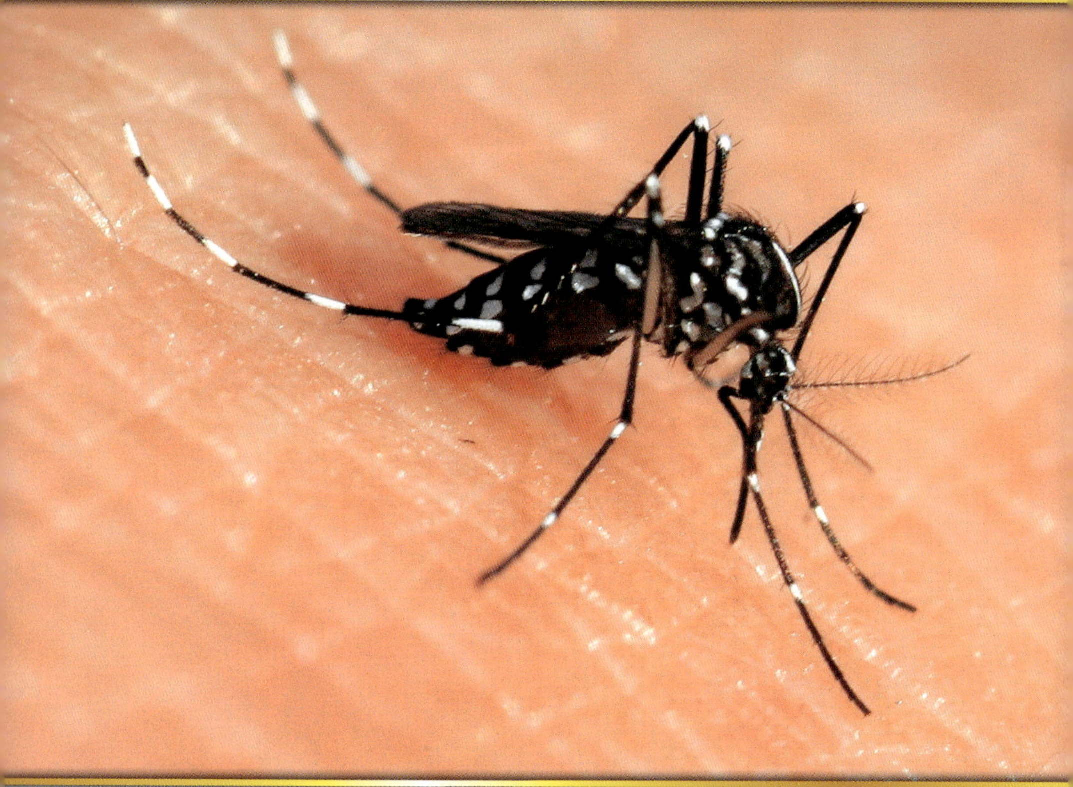

전 세계에서 인간을 가장 많이 죽인 벌레가 바로 모기예요. 정확히 말하자면, 모기가 가져온 전염병으로 사망한 것으로, 수많은 인간이 눈 깜짝할 사이에 모기에 물린 뒤 전염병에 걸렸어요. 외국 여행을 할 때는 주의해야 해요.

벌레에게는 인간도 적이에요. 인간에게 위험한 벌레에 순위를 매겼어요.
이 벌레를 보면, 물리지 않도록 조심하세요.

2위 파리

파리는 다른 생물에 기생하지만, 인간에게 기생하는 종류도 있어요. 이 기생파리들은 인간의 몸에 알을 낳는데, 알에서 깨어난 유충은 몸을 갉아먹으며 성장한다고 해요.

3위 벌

벌은 굉장히 위험한 곤충이에요. 센 독을 지닌 벌도 있지만, 무엇보다 공격적인 성격을 주의해야 해요. 벌집에 가까이 다가가기만 해도 공격하는 벌떼도 있어요.

특별상 이 벌레도 굉장해요!

거미

벌레 중에 가장 강한 독을 가진 벌레는 거미예요. 이런 거미에 물리면 손 쓸 틈도 없는 경우가 많아요. 여행할 때도 독거미가 있을 수 있으니 주의하세요.

- **감수**   오카지마 슈우지
  1950년 오사카 출생. 동경농업대학 명예 교수. 동경농업대학 대학원 농업연구과 박사 과정 수료. 농학 박사. 동경농업대학 농학 부장, 동경농업대학 제1고등학교, 동경농업대학 중등부 교장 등 역임. 전문은 곤충학, 특히 총채벌레목의 생물 다양성, 분류, 형태 분야에 조예가 깊다. 저서로는 『4억 년을 살아남은 곤충』(베스트신서), 『한국·일본산 풍뎅이 표준 도감』(학연교육출판. 공저) 외 다수. 감수한 책으로는 『한국·일본의 곤충』(아마나 이미지스), 『탈피 컬렉션』(한국·일본문예사) 등이 있다.

- **역자**   최진선
  이화여자대학교 문헌정보학과를 졸업했다. 학창 시절부터 일본 애니메이션 및 만화, 소설, 드라마, 뮤지컬 등을 두루 섭렵했다. 십수 년 동안 출판사에서 편집자로 근무했으며, 현재는 프리랜서 번역가로 활동 중이다. 번역한 책으로 『프린세스 시리즈』, 『만화로 배우는 정리 정돈』, 『위험 생물 공포 백과』, 『괴짜 생물 절유 백과』, 『싸우는 곤충·동물·공룡 대백과』(코믹컴) 등이 있다.

- **일러스트**   안자이 슌, 신페이, 세이신안코쿠가이 코우, 토라야마 모토하

- **디자인**   시바 토모유키, 야마기시 마키, 리간, 다케나카 모모코(STUDIO DUNK) 코보리 유미코(ATELIER ZERO)

- **사진 제공**   아이의 사육 블로그, istock/Getty Images, 아키야마 토모타카, Aflo, amana images, 잇슨노무시니모고부노타마시이, 옷짱의 무엇이든 뉴스, 주식회사 FCG 종합연구소, 가와카미 유우지, 군마현립 군마 곤충의 숲, 코이타로 산보 일기Ⅱ, 국립감염증연구소 곤충과학학부, CORVET PHOTO AGENCY, 곤충 익스플로러, 주주짱의 공벌레 일기, 동경농업대학 농학부 곤충학연구실, 남미·조수충어(鳥獸蟲魚)·심유, photo AC, Photo library, 곤충 내비게이션, 복도 아래 벌레 탐험

- **편집 협력**   모치다 케이스케, 오타 나츠미(STUDIO PORTO), 오노 마이코(STUDIO DUNK) 시라쿠마 모모코

코믹컴

싸우는 곤충 대백과 곤충 최강왕 결정전

감수 오카지마 슈우지
역자 최진선
찍은날 2017년 4월 24일 초판 1쇄
펴낸날 2025년 1월 15일 초판 9쇄
펴낸이 홍재철
디자인 박성영
마케팅 황기철·안소영
펴낸곳 루덴스미디어(주)

주소 경기도 고양시 일산동구 무궁화로 43-55, 604호(장항동, 성우사카르타워)
전화 031)912-4292 | 팩스 031)912-4294
등록 번호 제 396-3210000251002008000001호
등록 일자 2008년 1월 2일

ISBN 978-89-94110-84-4 76490
ISBN 978-89-94110-83-7(세트)

결함이 있는 책은 구입하신 곳에서 바꾸어 드립니다.
값은 뒤표지에 있습니다.

이 도서의 국립중앙도서관 출판시도서목록(CIP)은 e-CIP홈페이지
(http://www.nl.go.kr/ecip)에서 이용하실 수 있습니다. (CIP제어번호 : CIP2017008694)

Original Japanese title : TATAKAU MUSHI DAIHYAKKA MUSHI SAIKYOUOU KETTEISEN
Copyright © 2016 by Seito-sha Co., Ltd.
Original Japanese edition published by Seito-sha Co., Ltd.
Korean translation rights arranged with Seito-sha Co., Ltd.
through The English Agency (Japan) Ltd. and Eric Yang Agency, Inc